若杉ばあちゃんの野草料理

&まこもたけレシピ全90品

若杉友子 著

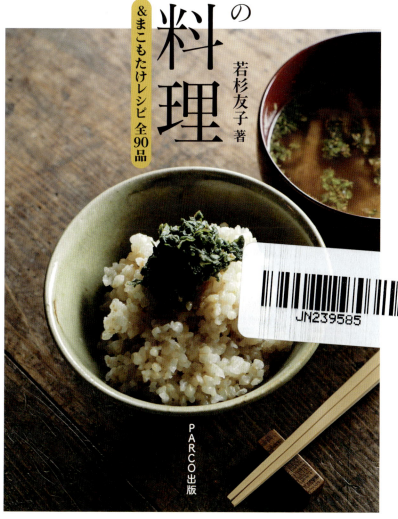

PARCO出版

行き詰まりの時代だからこそ伝統食、野草、そしてまこも！

はじめに

若杉友子

　静岡で「命と暮らしを考える店・若杉」という自然食品店を営みながら、玄米や旬の野菜を使って食養料理教室をしていた平成元年頃から、昔のおいしい野菜の姿が消え、改良という名の改悪が始まりました。農薬、除草剤、土壌改良剤、あげくには遺伝子組み換え、子孫を残さないF1品種の野菜など、あらゆるテクノロジーを駆使して遺伝子までいじってしまうのですから、不気味としか思えませんでした。

　この野菜を食べていて健康でいられるわけがない！　この先の未来に不安を感じたとき、足元に生えている元気な野草に目が行き、誰の手も借りずに自然と種を落とし、水や肥料を与えずとも芽を出し成長するたくましい野草のパワーを見て、これから先、天然自然の本物の旬の作物は野草しかない！　と、昔の人の知恵を掘り起こし、陰と陽の物差しを使って、安心して食べられる野草料理の研究に心躍ったものです。

　早速料理教室に野草を取り入れてみると、体がさらに元気になるだけでなく、精神が強くなることがわかってきました。嫁いだ頃の娘の話ですが、電話口で姑の愚痴を聞かされたときのこと、「ぐちぐち、なんでそんなにあなたは陰性なの？　もっと根のものを食べて強くなりなさい」と言うと、娘は、「根のもの？　根菜類はしっかり食べてるわよ」と返ってきました。すかさず私は、「そんなもんじゃダメよ。野草！　野草を食べなさい！　踏まれても、刈られても、焼かれても、打たれ強い根っこをもつ野草で根性つけなきゃダメよ」と伝え、それから妊娠中の娘に野草をせっせと摘んでは送ったのですが、娘はその野草を毎日おいしいと言って食べているうちに、姑に小言を言われても全く気にならなくなり、心も体も強くなっていきました。2人目のお産からは、「3回いきんでポン」と超安産。これには、立ち会った私もびっくりしましたし、母乳もあふれんばかりでまったく困らず、

私自身にも野草によってさまざま変化がもたらされ、家族や友人知人からも数々の驚くような体験を聞き、日本人が昔から大切に食べてきた玄米、味噌汁、漬物、季節のお菜（野草と海藻）、そこに野草が入ると最強だと確信しました。

　野草にすっかり惚れ込んだ私は、娘と三人の孫と京都府綾部市の築180年の古民家に移住し、便利な電化製品にあふれた生活から、囲炉裏、かまど、五右衛門風呂など極力電気製品を使わない生活、在来種の米と野菜を育て、季節の野草をいただく「天産自給」の食養生活の日々を満喫しました。

　そんなとき、縄文人が常食していたという「まこもたけ」でお釈迦様が病人を癒したという話を聞きました。まこもに興味をもった私は、富山から1本の苗をもらって育てているという綾部の生産者と出会い、幻の植物まこもを使った料理の研究を始めることになりました。最初はきんぴらや天ぷら、味噌汁を作ってみたのですが、野草と違いアクやクセもなく、とてもおいしくて、試行錯誤のうえ次々と料理がひらめき、この料理本にも掲載できないほどのレシピを料理教室で伝えてきました。

　まこもたけを食べた人達がそのおいしさに魅せられ、「まこもを育てたい！」と、全国に生産者が増えました。まこもは人の体のみならず、水、土、大気をも浄化すると言われ、毎年6月1日には出雲大社でもまこもの神事が行われています。

　ところで皆さんは、戦前戦後のお金や物がない時代に、人々が何を食べて身一つで朝から晩まで百姓ができたのか、多産で元気な子どもを育てることができたのか、考えたことはありますか？　現代人に足りないのは、昔の人の食性を見直すこと！　昔の人のような元気な体と心を取り戻して、これから起きる災害、食糧難のためにも、正しい野草の食べ方を知ってほしい。そんな思いから30年以上も全国を飛び回って食養料理を伝える活動をし、86歳の今も細々と続けています。

　その昔、明治天皇が国民に残した歌の一つに、「いく薬　求めむよりも　常に身のやしなひ草を　つめよとぞ思ふ」があります。戦後、日本人は食糧難時代、山野草に助けられて生き抜いてきたのです。

　私たちは自然に生かされています。食間違えば病がおこり、食を正したら病は治る。食は命。すなわち医食同源です。昔の人が無病息災、子々孫々弥栄えと願った日本の伝統食には、年を老いても生涯現役で自立して生きていく力があります。現代は、物価の高騰、少子高齢化、年金問題、医療費、介護などなど日本も世界も問題が山積みで、明日何がおこるかわからない時代です。

　日本の伝統食を食卓に復活させて、小さな畑や摘み草で家庭の自給率を上げて、心身の健康を保ち、自立した豊かな人生を送ってください。

　この本がお役に立てたらありがたいです。
　　　　　　　　　　　　　　　合掌

目次

- 2 はじめに
  行き詰まりの時代
  だからこそ伝統食、
  野草、そしてまこも!
- 8 陰陽の物差しを使おう
- 9 野草の摘み方
- 10 野草の掃除法と洗い方
- 11 野草のアク抜き法
- 13 野草の切り方

早春の野草 ……14

ふきのとう …15
- ふきのとうの下処理 …17
- ふきのとう入り根菜の味噌汁 …18
- ふきのとうの味噌炒め …20
- ふきのとうの煮びたし …21
- ふきのとうと根菜のしぐれ味噌 …22
- ふきのとうの天ぷら …24
- ふきのとうの甘酢漬け …26
- ふきのとうの味噌漬け …28

菜の花 …29
- 菜の花の下処理 …30
- 菜の花と油揚げのサッと煮 …30

たんぽぽ …32
- たんぽぽのしぐれ味噌 …33
- たんぽぽの即席キムチ …34

からすのえんどう …36
- からすのえんどうの胡麻和え …37

はこべ・ははこぐさ …39
- はこべとははこぐさ、せりの三草粥 …40

春の野草 ……42

つくし …43
- つくしの下処理 …44
- 干しつくしの作り方 …45
- つくしのふりかけ …45
- つくしの辛子和え …47
- つくしのナムル風 …48
- つくし炒め …49

よもぎ …50
- よもぎとめかぶの味噌汁 …51
- よもぎとわかめの梅肉和え …52

ゆきのした…54
　春の野草天ぷら（ゆきのした、よもぎ、
　　ふきの若葉、おおばこ）…55

おおばこ…58
　おおばこの胡麻味噌和え…59
　おおばこと野菜の炒めもの…60

ふきの若葉…62
　ふきの若葉のつくだ煮…63
　甘辛味噌の
　　ふきの葉包みごはん…64

せり…66
　せりの醤油炒め…67
　せりごはん　2種
　　塩味、醤油味…68

野かんぞう…70
　春のナムル風　3種
　　野かんぞうのナムル風…71
　　せりのナムル風…71
　　（つくしのナムル風…48）

みつば…73
　みつばの磯辺和え…74
　みつばのわさび醤油和え…75
　みつば入りわかめスープ…76

あさつき…78
　あさつきのピリ辛和え…79
　　あさつき・のびるの下処理…80
　あさつきの塩昆布和え…80
　あさつきとのびる、たんぽぽの
　　天ぷら…82

のびる…84
　のびるの酢味噌和え…85
　のびるの炒り豆腐…86

クレソン…89
　クレソンの塩こしょう炒め…90
　クレソンの梅酢おろし和え…91
　　クレソンのゆで方…91

しゃく…92
　しゃくの胡麻だれ和え…93

こごみ…94
　こごみの醤油和え…95
　こごみ入りペペロンチーノ…96

よめな…98
　よめなの辛子和え…99

うるい…100
　うるいの浅漬け…101
　うるいの白和え…102

たけのこ…104
　たけのこの下処理…105
　たけのこの塩こしょう炒め…106
　若竹汁…107

春の野ぶき…108
　野ぶきの下処理…109
　きゃらぶき
　　醤油味、甘辛味…110
　ふきとたけのこの散らし寿司…112
　三分づき米ごはん…114

あざみ…115

5

初夏の野草 ……116

からむし…117
　からむしの生姜醤油和え…118
　からむしだんご
　　塩きな粉、甘辛だれ…119
　からむし豆腐…122

初夏の野ぶき…124
　ふきと油揚げの煮もの…126

葛の葉…128
　葛の葉のピロシキ…129

いのこづち…131
　いのこづちと生姜の醤油炒め…132

つゆくさ…133
　つゆくさと葛きりの
　　辛子三杯酢和え…134
　つゆくさと春雨の
　　ゆずこしょう和え…135

みずひきそう…136
　初夏の野草天丼…137

桑の葉…138
　桑の葉のロールキャベツ…139
　桑の葉のナムル風…142

食用に向かない野草…143

みょうがの茎…144
　みょうがの茎の醤油和え、
　　味噌和え…145

野生のにら…146
　にら醤油…147

山椒の実…148
　山椒の実のつくだ煮…149

夏の野草 ……150

ほしのしずく…151
　ほしのしずくと車麩の
　　酢味噌和え…152

いぬびゆ…153
　いぬびゆ入り
　　そうめんチャンプルー…154

野かんぞうの蕾（つぼみ）…156
　野かんぞうの蕾の塩こしょう炒め…157

みょうが…158
　みょうがの梅酢漬け…159

しろざ・あかざ・あおざ…160
べにばなぼろぎく…161

6

秋の野草
・種 ・実 つき ・まこもたけ ……162

ねこじゃらしの種…163
　ねこじゃらしの種のふりかけ…164

しろざの実…166
　しろざの実のつくだ煮…167

種つきしろざ…168

種つきいのこづち…168

摘んではいけない毒草…169

野草茶・まこも茶…170

171　おおばこ茶
　　　たんぽぽの根のお茶
　　　つゆくさ茶

172　よもぎ茶

173　焙煎して煮出す飲み方
　　　種つきよもぎ茶
　　　つくし茶

174　まこも茶

まこもたけ…175
　まこもたけの下処理…176
　まこもたけのきんぴら…177
　まこもたけと里芋、青さのりの味噌汁…178
　まこもたけのひじき煮…179
　まこもたけと油揚げの煮もの…180
　まこもたけとわかめの辛子酢味噌和え…181
　まこもたけチヂミ…182
　まこも豆腐…184
　まこもたけのしぐれ味噌…185
　まこもたけの南蛮漬け…186
　まこもたけと冬瓜のスープ…188

189　こぼれ話　まこもで、きれいな羊水になった！
　　　この本で使用している
　　　食材と道具の購入案内

おわりに…190

調理を始める前に

○この本で使用する計量器具は、1カップ＝200㎖、大さじ1＝15㎖、小さじ1＝5㎖です。

○「塩少々」は「二本指でつまんだ塩の量」で、「塩ひとつまみ」は「三本指でつまんだ塩の量」です。

○野菜は旬のもので、無農薬・無肥料栽培のものが理想的です。

○調味料や油は、安全な材料を原料とした伝統製法のものを使いましょう。

○醤油は特に記載のない場合は、濃口醤油を使用しています。

○根菜と生姜は、よく洗って皮つきのまま使用しています。

○調理には浄水器を通した水や、天然水を使用しましょう。

野草料理を始める前に
陰陽の物差しを使おう

この世の中のすべてのもの、すべての事象は「陰」と「陽」の二つのエネルギーで成り立っています。「陰」は遠心力が働いて拡散、膨張、上昇するエネルギーで、陰性な食品にはカリウムが多く、体を冷やし、細胞をゆるめ、気持ちを鎮める（過剰だとダウンさせる）力があります。「陽」は求心力が働いて凝集、収縮、下降するエネルギーで、陽性な食品にはナトリウムが多く、体を温め、気持ちをアップさせる（過剰だと怒りや興奮を引き起こす）力があります。

「陰陽」は何かと何かを比較して判断する物差しとなるもので、植物性の食材と動物性の食材を比較すれば、前者が陰性で、後者が陽性。調味料では、砂糖や酒、みりん、油、酢は陰性で、塩や味噌、醤油は陽性です。食材は、生は陰性で、加熱すれば陽性に。乾燥させても陽性になります。

さらに、「陰と陽」のバランスのとれたところを「中庸」と呼びますが、人間の体は、ナトリウム1に対してカリウム5〜7が「中庸」で正常な状態です。その比率に近い穀物を中心にして、味噌、塩、醤油を使ってしっかりと味つけをしたおかずを食べることで、体は中庸になり、健康な体をつくることができます。

野草の場合、「陰性の強いアク」を含むため、塩と火の「陽」の力を使ってアク抜きをします（詳しいアク抜きの方法はP11〜13を参照）。切り方や煮方、炒め方なども陰陽の物差しを駆使することで、体が喜ぶ野草料理を作ることができます。身近な野草を使った料理こそ、身土不二の極みです。天然のミネラルを感謝していただきましょう。

＊陰陽については中医学、易とはまた違いもありますので、いくつかの前著に載せている陰陽の記述で、しっかり勉強してください。

人にも地球にも優しい、持続可能な
野草の摘み方

野草摘みの基本は、「根を土に残して摘む」。根を残せば、また翌年もそこに同じ野草が生えてくるからです。

野草の摘み方は、ほとんどの場合、若草色をした柔らかい葉、柔らかい茎のものを摘めば間違いありません。緑色が濃くなって、葉が大きくてかたいものはアクが強くて食感も味も悪く、体にも悪影響となります。

各野草の解説ページに、最適な摘み方をした野草のザル盛りの写真を掲載していますので、それを見本にされるといいでしょう。出始めと成長したものでは形状がかなり変わりますが、「若草色」「柔らかい若葉」「柔らかい茎」を目安にして、いかにもおいしいそうと思える野草をその時節に摘んでください。

そして、何より大事なのは摘む場所です。犬の散歩コースになっている道や、農薬、除草剤が散布される所、道路際や駐車場など排出ガスがかかる場所での野草摘みも絶対にやめましょう。

摘み方　地面に近い葉
新芽のよもぎ、よめな、たんぽぽの葉、しゃく、おおばこなど

地面の少し上の柔らかい茎に親指の爪を入れて摘む。たんぽぽの葉やおおばこなど地面に張りついているものは、葉を1枚ずつ摘んでいく。よもぎやしゃくのように根元がつながっているものは、右の写真のように葉をばらさないようにして摘む。

P171のおおばこ茶やつゆくさ茶用は根ごと摘む。

摘み方　高い位置についた葉
からむし、いのこづち、桑の葉、べにばなぼろぎくなど

背の高い野草を摘む場合、上部は葉がつながったまま摘み、その下からは葉を1枚ずつ摘んでいく（写真左）。
下にいくほど緑色が濃くなって葉がかたくなるので、柔らかくておいしそうな葉だけを摘む。

ほかの草が混ざっていたら要注意！
野草の掃除法と洗い方

　摘んできた野草は、野菜と違ってそのまま洗ってすぐに調理できるわけではありません。きれいにお掃除してからでないと使えないのです。たくさん生えている野草に興奮して、山のように摘んでしまったものの、家に帰ってから掃除の作業がやってもやっても終わらない、というのは初心者にありがちなこと。摘むときは、あと先のことも考えて量を加減したいものです。

　新芽の小さなよもぎをたくさん摘んだときなど、掃除に長く時間を費やすことがありますが、慣れれば楽しみながら夢中になってやるようになります。

掃除の仕方
摘んだ野草は広告チラシやポリ袋などの上に広げ、ほかの草やゴミ、枯れた葉、色の変わった葉などを取り除く。

　野草を洗うときは土や虫、草の種や小さなゴミなどがついていたりするので、よく見て丁寧に洗いましょう。

洗い方
1. ボウルに水をたっぷり張って、掃除した野草を入れ、手で沈めて振り洗いする。
2. 野草を手でつかんでザルにあげ、ボウルの水を替えて、1と同じように洗う。
3. 再度ザルにあげ、ボウルに残った水がきれいになるまで繰り返す。

体に負担なく、おいしく食べるための
野草のアク抜き法

　野草のアクは体に害があって陰性。生で食べたりアク抜きしないで食べたりすれば貧血となり、血液が薄くなって細胞もゆるみ、さまざまな陰性症状を引き起こす要因となります。何より、野草には独特のえぐみがあって、そのままではおいしくいただけません。昔の人が丁寧にアク抜きした方法でいただくと、野草とは思えないほどおいしくて食べやすく、食べ続けていると体も心も強くなります。

　天ぷらや摘みたての野草を使った炒めものなどはアクを抜かないで使いますが、それ以外の野草料理では「アク抜き必須」と心得てください。

　野草のアク抜きは、3段階！「❶塩ゆで→❷水にさらす→❸醤油洗い」です。

アク抜き法3段階　❶塩ゆで

1. 鍋（土鍋でなくてもよい）にたっぷりの湯を沸かし、大さじ1の塩を入れる。塩が少ないと陰性なアクが抜けないので、少ない野草をゆでるときでも大さじ1は必要。
2. P10の「野草の洗い方」を参照して野草を洗い、水きりして1の鍋に入れる。
3. 菜箸でそっと押さえて沈める。
4. 沸騰させることでアクが抜けるのでふたは絶対にしないで、再沸騰するまでは取り出さない。
5. 菜箸で野草をつまみ、爪を立ててみて柔らかくなったのを確認したらザルにあげる。

◎ ゆで時間は野草によって変える。柔らかい葉ならサッとゆで、繊維がかたい葉なら長めにゆでる（目安を各料理の作り方に記載。記載のないものは爪を立てて確認を）。

◎ 同じ野草でも、摘んだ時期によってゆで時間は変える。例えばよもぎの場合、出始めの新芽のよもぎなら、鍋の縁のほうからプクプクと水泡が出てきたら10数えるくらい。大きくなったよもぎなら15数える。ただし、爪を立てて確認するのを忘れずに。

◎ 量が多いときも、ゆで時間は長くする。

> アク抜き法3段階 **❷水にさらす**

1. ゆでてザルにあげた野草は、ボウルに張った水に入れてさます。
2. 別のボウルに水を用意しておき、1のボウルから野草を取り出して浸ける。
3. そのまま水にさらすが、時間は野草の種類によって違う（さらす時間は各料理の作り方に記載）。

◎ 同じ野草でも摘んだ時期によって、さらす時間は変える。例えばよもぎの場合、出始めの新芽のよもぎなら5分ほど水にさらせばよいが、成長するごとにアクが強くなるので、10分、15分、20分とだんだん長くさらす必要が出てくる。

◎ おおまかな目安として、「3月の野草は15分、4月以降の野草は20分水にさらす」と覚えておくとよい（寒冷地は時期がズレる）。

◎ 摘んでから時間がたった野草や、購入した野草を使う場合はアクが強くなっているので、20分以上水にさらすこと。

　早春と春の野草のほとんどは「❶塩ゆで→❷水にさらす」の2段階で済みますが、初夏からはアクが強くなるので、3段階の「❶塩ゆで→❷水にさらす→❸醤油洗い」のアク抜きが不可欠です。

　沖縄、九州、四国など、地域によっては4月後半から醤油洗いが必要な野草もあるので、水にさらしたあとにはんの少しを味見して判断しましょう。

　アク抜きに塩や醤油を使うのは、塩気の陽性でアクの陰性が抜けるからです。よく重曹を使って野草のアクを抜くやり方が紹介されていますが、野草のミネラルまで失ってしまうので、必ず塩と醤油を使ってアクを抜いてください。

> アク抜き法3段階　**❸ 醤油洗い**

1. ボウルに、醤油を水で割った割醤油を用意する。量は野草がひたひたになる程度でよい。醤油と水の割合は、3対7または4対6にする。
2. 水にさらしてザルあげした野草をしっかりしぼり、1の割醤油に浸ける。
3. 手で押さえて、野草全体が割醤油に浸かるようにする。
4. 割醤油に20分浸けたら、野草を取り出し、よくしぼる（割醤油にアクが出て色が変わる。アク抜き後の割醤油は必ず捨てること）。

◎ 野草のアクが強い場合は醤油の割合を多くする。例えば、7月初旬のからむしは3対7でアクが抜けるが、下旬になると4対6にしないと抜けない、ということがある。

◎ 味見してまだアクを感じたら、新たに割醤油を作り、野草をしぼって再度醤油洗いを20分する。それでもアクを感じる場合は、食べるのをやめてください。

食べやすく、消化によい 野草の切り方

　野草は食物繊維が豊富なので、包丁で繊維を細かく切断します。切り口から水分が出てくるので、切った野草は水気をしぼってから料理に使ってください。

> **切り方**

1. アク抜きした野草の水気をしぼり、かたまりをほぐしてまな板にのせ、長さ1cmに切る。
2. その際、野草を丁寧にそろえて切るか、包丁の刃の角度を交互に変えながら（乱切りのようにして）、長さをそろえる。

13

早春の野草

ふきのとう

> 早春の野草

香り高く、春の訪れを告げる「春の使者」
独特の苦味が心臓、肝臓を癒し、
便秘解消にも一役！

「良薬は口に苦し」と言って、春の野草にはすべて苦味があります。苦味は、味のなかで最も陽性で、心臓や血管などの循環器系、肝臓にもよい働きをします。そのトップバッターが、雪を割って出てくるふきのとうで、その独特の香りと苦味が、食卓に春の訪れを感じさせてくれます。

この苦味は便秘の解消にも役立つといわれており、冬眠をしていた熊が目覚めて最初に食べるのは、宿便の排出を促すふきのとうなのです。冬の間に腸にためていた宿便をふきのとうの苦味で出して体を目覚めさせ、活動しやすい体にするというわけです。それだけ、陽性な苦味は体の中の不要なものを出す力がすごいということです。便秘の人やデトックスしたい人は、毎日少しずつ食べてほしいものです。

ふきのとうの苦味の元となる成分には咳を鎮め、痰を切る働きもあり、香りの成分が胃腸の働きをサポートすることもわかっています。

さらにふきのとうは、魚の毒消しになる食材でもあります。ふきやふきの葉も同様ですが、これまで食べてきた魚由来の老廃物の分解にも役立つので、魚をたくさん食べてきた人は、旬を逃さずに入手して、ふき味噌やしぐれ味噌を作って、常備菜や保存食にするのもよいでしょう。

ただし、体によいからといっても食べすぎはいけません。ふきのとうは一日にせいぜい1～2個くらいにしてください。昔の人は「量は質を殺す」と言って戒めていますので、食べすぎには十分注意しましょう。

早春の野草

　この本では、甘酢漬けと味噌漬けを紹介していますが、甘酢漬けは陰性な調理法ですので、蕾（つぼみ）がしっかり締まった陽性な状態のふきのとうを使用してください。

　天ぷらは高温の油で揚げる陽性な調理法なので、陰性に花の形に開いたアクの強いものでもよいです（下の写真左）。しぐれ味噌や味噌炒めなど、油で炒めて作る料理は、肌寒い時節には蕾を使用することをおススメします。暖かくなると蕾が開いてきますが、白い花が出ていなければ使えます。白い花が出ているものはアクがとても強いので、使わないこと。（下の写真右）。

　天ぷらや味噌汁以外の料理ではアク抜きが必要ですが、雪の降る土地のふきのとうはアクが少ないので、格別です。

天ぷらやしぐれ味噌に使用可　　食用にできない状態

開いたふきのとう

　天ぷらにするふきのとうは蕾が閉じた状態のものや大きすぎるものは火が通りにくいので、隙間があって中まで火が通りやすい開いた状態のものを用意する（左）。開いたものは、形もよく見栄えがよいが、中の小さな蕾は閉じて緑色になっている状態がよく、白く開いたものは避ける（右）。

ふきのとうの下処理

ふきのとうはきれいに掃除し、天ぷらや味噌汁に散らす場合は、とれたてのもので生で使います。和えものや煮びたし、甘酢漬け、味噌漬けなどを作る際には、大さじ1の塩を加えてゆでてから、水にさらしてアク抜きします。

しぐれ味噌やふきのとう味噌のように炒める料理には、とれたての新鮮なふきのとうであればアクが少ないので生のまま調理し、とってから時間がたったもの、購入したものなどの場合は、必ずアク抜きしたもので作ります。

1. ふきのとうは紫色のところや緑色の濃い部分、軸の黒い部分を除いてきれいにし、洗って水きりする。大きめのふきのとうは縦半分に切る。
2. 鍋に湯を沸かして塩大さじ1以上を入れ、1を入れる。塩が少ないと、アクが抜けないので注意。
3. 菜箸でふきのとうを軽く押さえながら、1分ほどゆでる。

4. 網じゃくしなどで、ふきのとうをすくいあげる（ザルにあげてもよい）。
5. ボウルにたっぷりの水を用意し、4のふきのとうを入れて粗熱を取る。
6. ボウルの水を替え、5のふきのとうを入れ、とれたてのふきのとうなら2〜3分、とってから時間がたったものは10〜20分水にさらす。

ふきのとう入り根菜の味噌汁

根菜と味噌が体を温め、ふきのとうでデトックス！

材料（4人分）

ふきのとう……2個
里芋……小3個（250g）
ごぼう……60g
にんじん……60g
胡麻油……大さじ1/2
味噌（できれば三年米味噌）
　……135g

昆布だし
　｜昆布……5×10cm
　｜水……5カップ

＊こそいだ里芋の皮は、地粉と水、塩を加えて混ぜ、コイン形にして菜種油で揚げ、塩をふるとおいしい。

作り方

1. 土鍋に水と昆布を入れて、6時間以上浸けておく。土鍋を中火にかけ、沸いてくる寸前に昆布を取り出し、冷ましておく。
2. 里芋とごぼう、にんじんは、目の粗い布かスポンジで泥を洗い落とす。たわしを使う場合は、薄皮をむかないよう優しく洗う。
3. 里芋の皮を包丁でこそぎ、一口大に切る。
4. ごぼうとにんじんは皮つきのまま縦半分に切ってから、厚さ3mmの斜め薄切りにする。
5. 鍋（あれば炒められる土鍋）を熱して胡麻油を回し入れ、ごぼうを入れて弱火でじっくり炒める。
6. ごぼうのアクが抜けて甘い香りがしてきたら、1の冷ました昆布だしを注ぎ、里芋とにんじんを加える。ふたをして中火で煮、沸騰したら弱火にする。
7. ふきのとうはP17の「ふきのとうの下処理」を参照して掃除し、洗って水きりしてから細かいみじん切りにする。
8. 味噌をすり鉢に入れて6の煮汁を少し加え、すりこぎですり混ぜて溶く。
9. 根菜に火が通ったら8を加え、沸騰直前に7のふきのとうを散らし、すぐに火を止める。

＊ふきのとうは、食べる直前に散らすこと。
＊時間がたつとふきのとうの苦味が増すので、味噌汁は食べきる量を作ること。

早春の野草

ふきのとうの味噌炒め
味噌とみりんの素朴な甘味でごはんが進む

材料（作りやすい分量）
ふきのとう……15個（約30g）
塩（アク抜き用）……大さじ1
胡麻油……大さじ1/4
塩（炒め始め用）……ひとつまみ
酒……大さじ1/2
みりん……大さじ1/2
味噌（できれば三年米味噌）
　　……大さじ1と1/4
昆布だし（P19の作り方1）
　　……小さじ2

作り方
1. ふきのとうはP17の「ふきのとうの下処理」を参照して、掃除してから塩ゆでし、水にさらす。これをザルにあげて水気をしぼり、粗みじんに切る。
2. 味噌を昆布だしで溶く。
3. 鍋（あれば炒められる土鍋）を熱して胡麻油を入れ、1を再度しぼってからほぐして入れ、塩（炒め始め用）をふって弱めの中火にし、菜箸を右回転で回して3分炒める。
4. 酒を入れて炒め、アルコール臭さが抜けたらみりんをふり入れる。
5. みりんのアルコール臭さが抜けたら2を加え、2〜3分炒めて仕上げる。

材料（作りやすい分量）
ふきのとう（蕾が閉じたもの）
　…約20個
塩（アク抜き用）…大さじ1
胡麻油…小さじ1/2
酒…大さじ1/2
みりん…大さじ1/4
醤油…大さじ1/2
昆布だし（P19の作り方1）
　…大さじ2
塩（仕上げ用）…少々

ふきのとうの煮びたし
シンプルに短時間で煮あげるほろ苦料理

作り方

1. ふきのとうはP17の「ふきのとうの下処理」を参照して、掃除してから塩ゆでし、水にさらす。
2. 1をザルにあげて水気をしぼり、大きいものは半分にするか、4等分にする。
3. 鍋（あれば炒められる土鍋）を熱して胡麻油を回し入れ、再度水気をしぼったふきのとうを入れて5〜6分炒める。このとき、火はあまり強くしないで、菜箸を右回転で回してふきのとうの上下を返すように炒める。
4. 3に昆布だしを加え、煮立ったら酒をふってひと混ぜする。アルコール臭さがなくなったらみりんを入れて混ぜ、みりんのアルコールが飛んだら醤油を入れ、弱火で4〜5分煮る。
5. 味見して、仕上げに塩をふって味をととのえる。汁が少量残っているぐらいで火を止める。

＊2月頃の雪どけのとれたての蕾であれば、生のまま炒めて作ってよいが、時間がたつとアクが出て苦くなるので、作りすぎないように。

＊早春のものでも摘んでから時間がたっているものや購入したもの、3月後半や4月になってとったものはゆでて水にさらしてから作ること。

早春の野草

ふきのとうと根菜のしぐれ味噌

体にパワーを与えるごはんのお供

材料（作りやすい分量）
ふきのとう……35g
ごぼう……40g
にんじん……30g
生姜……40g
塩……少々
胡麻油……大さじ1
味噌（できれば三年米味噌）
　……130g

作り方

1. ふきのとうはP17の「ふきのとうの下処理」を参照に、掃除してから洗って水きりし、細かいみじん切りにする。
2. ごぼうとにんじん、生姜はP19の作り方2を参照して洗い、皮つきのまま細かいみじん切りにする。
3. 厚手のフライパン（できれば鋳物製）または炒められる土鍋を熱して胡麻油をひき、ごぼうを入れて塩ひとつまみ（分量外）をふり、木べらで押さえながら右回転でじっくりと炒める。
4. ごぼうから甘い香りがしてきたら、にんじんを加えて炒める。
5. 根菜に火が通ったらふきのとうを入れ、塩をふり入れ、全体を混ぜて炒める。
6. 5に生姜の半量を入れて右回転で5分ほど炒め、味噌を加えてさらに混ぜながら炒める。
7. 味噌に火が通ったら残りの生姜を加えて炒め、生姜にも火が通ったら火を止める。

おススメ ふきのとう料理

とれたてを炭火で焼き、
味噌をつけていただく。

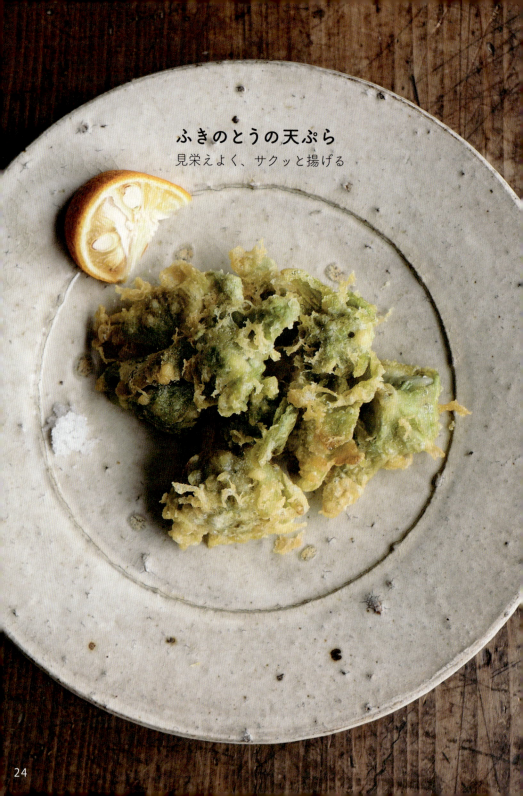

材料（3人分）

ふきのとう（蕾が開いたもの）……9個

天ぷら衣
- 地粉（国産小麦粉）……大さじ3
- 水……大さじ3、塩……ひとつまみ

地粉（ポリ袋に入れる用）……適量
菜種油（新しい油）……適量
大根おろし……適量
醤油……適量
ゆず（好みで）……適量

早春の野草

作り方

1. ふきのとうは蕾が閉じた状態のものは火が通りにくいので、隙間があって中まで火が通りやすい開いた状態のものを用意する（P16）。大きすぎるものは半分に切る。

2. 天ぷら衣を作る。地粉と水は1対1の割合でボウルに入れ、塩も加えて菜箸で右回転で混ぜる。粉の種類によって衣のかたさが変わるので、「ホットケーキの生地より柔らかめ」を目安に。

3. ふきのとうは洗ってザルにあげ、軸を手で持って振って水きりし、蕾を開く。

4. ポリ袋に地粉を入れ、3を入れる。空気を入れて袋をふくらませて口をしぼり、袋をポンポンと振ってふきのとうの表面に粉をまんべんなくつける。

5. 厚手のフライパン（できれば鋳物製）に菜種油を深さ1cmほど入れて火にかける。2の衣を少量箸先にとって油に落とし、衣がすぐに浮いてきたら適温（約170度）。

6. 油が適温になったら、4のふきのとうを2の衣にくぐらせ、余分な衣を落としてから花を下に向けて油に入れる。

7. 葉のまわりが少し茶色くなったら裏返し、表7割、裏3割を目安に揚げる。

8. カリッと揚がったら、バットに立てて並べる。

9. ザルに入れて汁気をきった大根おろしに醤油を混ぜ、天ぷらに添える。好みでゆずをしぼる。

＊裏返すのは一度だけ。何度も箸で触ると衣が余分な油を吸い、カラッと揚らず、油っぽくなってしまう。

早春の野草

ふきのとうの甘酢漬け

多めにとれたら夏までは食べられる保存食に

材料（作りやすい分量）
ふきのとう（蕾が閉じたもの、小ぶりのもの）……20個
塩（アク抜き用）……大さじ1
みりん……大さじ1
酢……大さじ3と1/2
塩（味つけ用）……小さじ2

作り方

1. ふきのとうはP17の「ふきのとうの下処理」を参照して、掃除してから塩ゆでし、水にさらす。
2. 煮きりみりんを作る。小鍋（あれば片手の土鍋）にみりんを入れて中火にかける。沸騰してアルコール臭さがなくなり、甘い香りに変わったら耐熱の器に入れる。
3. 2の鍋は洗わずにすぐに酢と塩を入れ、鍋をグルッと回してから煮きりみりんの器に入れる。
4. 1をザルにあげて水気をよくしぼり（大きいものは半分にして）、密閉容器に入れ、3を注いで漬ける。

* 昼間作ったら夜には食べられる、常温で夏まで保存できる。
* 酢は体を冷やすので、7月頃に食べると、酢の陰性が体をほどよく冷まし、一番おいしく感じられる。

ふきのとうの味噌漬け

心臓のケアに
特におススメの一品！

材料（作りやすい分量）
ふきのとう‥‥約20個
塩（アク抜き用）‥‥大さじ1

味噌床
- 味噌（できれば三年米味噌）
  ‥‥130g
- 酒‥‥大さじ1
- みりん‥‥大さじ1

作り方

1. 味噌床を作る。温めた小鍋に酒を入れて沸騰させ、アルコール臭がなくなったらみりんを入れ、再度沸騰させて煮きる。
2. 1が冷めたら味噌と混ぜ合わせ、半量を保存容器に詰める。
3. ふきのとうはP17の「ふきのとうの下処理」を参照して、掃除してから塩ゆでし、水にさらす。
4. ガーゼを水洗いしてしっかりしぼり、2の味噌床の上に広げて敷く。
5. ふきのとうをザルにあげて水気をよくしぼり、4のガーゼの上に並べる。
6. 上からガーゼをかぶせて残りの味噌床を敷き詰め、しっかり押さえて空気が入らないようにしてからふたをする。1週間ほどで食べられるが、味がしみ込んだほうがよりおいしい。

> 早春の野草

菜の花

天然のほのかな苦味を活かした
春の料理で体も心も癒される

栽培ものの菜花は2月のまだ寒いうちから店頭に並びますが、これはハウスで作られた促成栽培のもので、食材としては不自然です。3月になって暖かくなってくると天然自然の菜の花の姿を土手などで目にするようになります。この菜の花は野生なので、アク抜きが必要ですが、力強く生命力にあふれ、繁殖力も優れています。

摘むときは、蕾がかたく締まったものを、その下の薄い黄緑色の葉っぱとともに摘んでください。黄色い花が開いたものは陰が強くなっている証なので、健康な人であっても食べないこと。

おススメ 菜の花料理

胡麻和え（P38）
わさび醤油和え（P75）
辛子和え（P99）
胡麻ペースト和え
ポン酢おろし和え

早春の野草

菜の花の下処理

菜の花はすぐに火が通るので、ゆで時間を短くします。ゆですぎると色が悪くなって見た目が損なわれ、味や食感も悪くなるので、注意しましょう。水にさらすのも短時間で大丈夫です。

1. 菜の花は、P11〜12の「野草のアク抜き法」を参照して塩ゆでするが、ゆでるときはサッと（1分ほど）にする。
2. 1をザルにあげ、ボウルに用意した水に入れて冷まし、すぐ水を替えて10分ほど水にさらす。

菜の花と油揚げのサッと煮

栽培ものにはない
力強い味を堪能

材料（作りやすい分量）

菜の花…150g

塩（アク抜き用）…大さじ1

油揚げ…1/2枚

胡麻油…大さじ1/2

酒…大さじ1

みりん…大さじ1

醤油…大さじ1

薄口醤油…大さじ1

昆布だし（P19の作り方1）…大さじ2

塩（仕上げ用）…少々

作り方

1. 菜の花は、P11〜12の「野草のアク抜き法」を参照して下処理をする（塩ゆでして水にさらす）。ゆでるときはサッと（1分ほど）にし、水にさらすのは10分ほどにする。
2. 1をザルにあげて水気をよくしぼり、ザクザクと食べやすい大きさに切ったら、再度しぼってほぐす。
3. 油揚げは熱湯に入れ、1分ほどゆでて油抜きしてザルにあげ、冷めたらしぼって縦半分に切り、幅3mmに切る。
4. 鍋（あれば炒められる土鍋）を熱して胡麻油を入れ、3の油揚げを入れて炒め、2の菜の花を加えたら塩ひとつまみ（分量外）をふり、3分炒める。
5. 4に昆布だしと酒を加えて炒め、アルコール臭さがなくなったらみりんを加えて炒め、みりんのアルコールが飛んだら薄口醤油と醤油を順に加えて中火で炒める。
6. 味見して、仕上げに塩をふって味をととのえる。
7. 煮汁が少なくなったら火を止める。

早春の野草

たんぽぽ

身近に生えているパワフルな野草
古くから貧血と母乳不足を助けたすぐれもの

葉が大地に張りついて生えているたんぽぽは、日本たんぽぽです。のこぎりのようにギザギザの葉は、陽性の働きで葉が入り込んでこの形になっているのです。外来の西洋たんぽぽは葉が立ち上がって背が高く、葉にはギザギザの切り込みがなく、株は外側に広がっていて、日本たんぽぽに比べ陰性です。

日本たんぽぽの根は、地中深く伸びて大変陽性なため、これで作ったきんぴらやお茶（P171）は貧血や心臓病などに薬効があるといわれています。P34の即席キムチのように生の葉を加熱しないで使う料理ができるのは陽性な野草だからです。

おススメ たんぽぽ料理

胡麻和え（P38）
つくだ煮（P63・水にさらすのは20分に）
ペペロンチーノ（P96）

≪注意≫
冬から持ち越している古いたんぽぽは摘まないように。
枯れた葉がついていて、全体的にみずみずしくないのでわかります。

たんぽぽの しぐれ味噌

根も葉もすべて炒めて、生姜をきかせる

材料（作りやすい分量）
たんぽぽ（全草）
　……110g（葉70g、根40g）
塩……ひとつまみ
生姜……45g
味噌（できれば三年米味噌）
　……85g
胡麻油……大さじ1

作り方
1. たんぽぽは、葉と根を分けてみじん切りにし、生姜は皮つきのままみじん切りにする。
2. 厚手のフライパン（できれば鋳物製）または炒められる土鍋を熱して胡麻油をひき、たんぽぽの根を入れ、弱めの中火で5分、木べらで右回転で炒める。
3. 2にたんぽぽの葉を加え、塩をふって再び4〜5分炒める。
4. 3に生姜の半量を入れてさらに3〜4分炒め、味噌を加えて混ぜながら炒める。
5. 味噌が温まったら残りの生姜を加えて炒め合わせ、生姜に火が通ったら火を止める。

たんぽぽの即席キムチ

手でギュッギュッとしっかり圧をかけたやみつきの一品

材料（作りやすい分量）

たんぽぽの葉……40枚（75g）
にんにく……3かけ（10g）
洗い金胡麻……大さじ1と1/2
薄口醤油……大さじ1
酢……大さじ1と1/2
コチュジャン（または豆板醤(トウバンジャン)）……大さじ1
胡麻油……大さじ1/2
塩……少々

早春の野草

作り方

1. たんぽぽは葉だけを摘んでよく洗い、ザルにあげて水気をしっかりとる。葉は切らずに食べるが、子どもや高齢者には切るほうが食べやすい。
2. 小鍋（あれば片手の土鍋）を中火にかけ、熱くなったところに洗い金胡麻を入れる。中火のまま鍋をゆすりながら、パチパチとはぜて胡麻がふくらむまで煎る。
3. 2をすり鉢に入れ、すりこぎで軽くする。
4. にんにくをすりおろして3のすり鉢に入れ、薄口醤油と酢、コチュジャン、胡麻油を加え、最後に塩を加えて混ぜる。
5. 4に1のたんぽぽの葉を加え、手に力を入れながら混ぜる。50〜60回、右回転でぐいぐいと回転させ、握ったりつかんだりを繰り返し、浸透圧で葉に味をしみ込ませる。

＊市販のすり胡麻、煎り胡麻は油が酸化して血栓の原因になるため、洗い胡麻を煎って使うこと。
＊野草料理は翌日には色も味も食感も変わってしまうので、できるだけその日のうちに食べきりたいもの。

からすのえんどう

早春の野草

摘みやすくて、アクが少ない
初心者でも見つけやすい野草

かわいい葉がつるにいっぱいついているからすのえんどうや、葉が細くて陽性なすずめのえんどうは、春の早い時期から生えてきます。出始めはとても柔らかいので、地面のすぐ上を摘んでそのまま料理できますが、つるが成長するにつれ、下のほうの茎がかたくなってくるので、上部の柔らかいところだけを摘みます。

アクは少ないのですが、青臭さがあるので、水にさらすときは水を2～3回替えるといいでしょう。

ピンク色の花がつく頃には上部まで筋がかたくなるため、食べられなくなりますが、花のあとにできるさやも、ふくらむ前なら塩ゆでして料理のあしらいに使えます。玉ねぎ、にんじん、生姜と合わせてかき揚げにするのもおススメ。

おススメ からすのえんどう料理

つくだ煮（P63・水にさらすのは10分に）
ナムル風（P72・水にさらすのは10分に）
磯辺和え（P74）　かき揚げ

36

からすのえんどうの胡麻和え

からすのえんどうの胡麻和え

くせのない野草に
胡麻でコクをプラス

材料（作りやすい分量）

からすのえんどう…100g
塩（アク抜き用）…大さじ1
洗い金胡麻…大さじ1と1/2
薄口醤油…大さじ1/2
みりん…大さじ1
酒…大さじ1

作り方

1. からすのえんどうはP11〜12の「野草のアク抜き法」を参照して下処理をする（塩ゆでして水にさらす）。葉は柔らかいが筋があるので、ゆでるときは筋にも火が通るようしっかり沸いてきてから引き上げる。水にさらすのは、とれたてのものなら2〜3分、摘んでから時間がたったものなら10分ほどに。独特の青臭みがあるので、水は2〜3回替えるとよい。

2. 1をザルにあげて水気をよくしぼり、長さ1cmに切ったら、再度しぼってほぐす（切り方はP13の「野草の切り方」を参照）。

3. 小鍋（あれば片手の土鍋）を中火にかけて温め、酒を入れて沸騰させ、アルコール臭さがなくなったらみりんを入れ、再度沸騰させて煮きり、耐熱の器に入れる。

4. P35の作り方2を参照して胡麻を煎り、すり鉢に入れて8割方する。

5. 4のすり鉢に薄口醤油と3を入れ、2のからすのえんどうを入れて、手で右回転で和える。

はこべ

早春の野草

寒いうちから生えている野草
食べれば、母乳不足に効果あり

おススメ はこべ料理

しぐれ味噌（P33 根は使わない）
胡麻和え（P38）、天ぷら（P56）
つくだ煮（P63・水にさらすのは20分に）

　先人の知恵で、はこべは昔から乳草と呼ばれ、母乳不足の人が食べていました。ははこぐさは田んぼの畦道によく生えている野草です。
　はこべは春の七草でいうはこべら、ははこぐさはごぎょうです。現代では新暦の1月7日に七草粥を食べますが、その頃にははこべ以外どの野草も生えていないので、栽培ものが出回っています。
　七草粥は旧暦の1月7日（1月下旬～2月上旬）に天然の野草だけで作ってください。一草粥でも効果があります。

ははこぐさ

畦道でよく見る野草
便秘解消にも一役！

早春の野草

おススメ ははこぐさ料理

胡麻和え（P38）
天ぷら（P56）

はこべとははこぐさ、せりの三草粥

七草なくても、一草でも
二草でも、ある野草で作りたい

早春の野草

材料（作りやすい分量）
五分づき米……1と1/2カップ
水……1ℓ
塩……小さじ2
はこべ……15g
ははこぐさ……5g
せり……5g

作り方

1. 洗って水きりした米と分量の水を土鍋に入れ、30分浸水する。
2. 1に塩を入れて中火にかけ、沸騰したら弱火にして30分炊く。
3. 摘みたてのはこべとははこぐさ、せりは洗って、それぞれみじん切りにする。摘んでから1〜2日たったものは、P11〜12の「野草のアク抜き法」を参照して下処理（塩ゆでして水にさらす）をし、水気をしぼってからみじん切りにして、さらにしぼる。

4. 野草はそれぞれまな板に置き、2本の包丁で軽くたたく。
5. 2の粥を弱火で炊いている鍋に4を順に入れて混ぜ、火を止める。

＊一草でも滋養のあるお粥。

春の野草

つくし

春の野草

カルシウムはこれでとりたい！
炒めたり、和えたり、チヂミにしたり
乾燥させれば、ふりかけにも

　フランスの生化学者ルイ・ケルブラン博士は、「世界の植物のなかで最もカルシウムをもっているのはつくしである」と言っています。子どもや妊婦、骨粗鬆症の人、骨にトラブルのある人に、つくしは特におススメです。摘める時期が短いので、みつけたらたくさん摘んで「干しつくし」（P45）にしましょう。

　つくしはさらに、頭に天然のゲルマニウムをたくさんもち、免疫力アップも期待できます。できるだけ頭が閉じているものを採取したいものですが、動物性食品をたくさん食べてきた人はこの苦味を嫌がります。

　頭が開いたつくしは陰性になっているので、その分よく炒めて、陽性に調理します。

　つくしの節にははかまといわれるかたい繊維質のものがついていて、これを除かないと食べられません。はかまが喉に刺さることもあるので、必ず取り除いてください。お茶にする場合は、はかまを取らなくても大丈夫です（P173）。

おススメ つくし料理

しぐれ味噌（P33）
胡麻和え（P38）
天ぷら（P56）

春の野草

　つくしがたくさんとれたら、はかまを取って蒸してから干して保存食にしてください。天気がいい日が続けば、2日でカラカラに乾きます。

　全体ではスルメの味がして、頭だけを干すと貝の味がするので、そのまま食べてもよいですが、海藻や胡麻、焼き塩と合わせてふりかけにするのがおススメです（P46）。

つくしの下処理

　頭が閉じて青くなっているつくしを料理するのが理想的ですが、採取時期を逃して頭が開いてしまっているつくしでも、炒めものや干しつくしには使えます。

　節に張りついているはかまを取り除かないとかたい繊維が口に触り、食感が悪いので（胃に刺さると危険）、丁寧に取りましょう。洗うのはサッとにして、頭のゲルマニウムが流れ出すのを最小限に。

1. とれたてのみずみずしいつくしを用意。なるべく頭が開いていないもの（右）を。
2. はかまの根元を親指と人差し指でつまみ、横にぐるりとむいてはがし取る。
3. つくしを一物全体で（丸ごと全部）食べたいので、折らないように注意して扱うこと。
4. つくしをザルに入れ、水を張ったボウルに沈めて洗い、すぐに引き上げる。

つくしのふりかけ

干しつくしの作り方

1. 蒸気があがった蒸し器にぬれぶきんを敷き、下処理したつくしを、蒸気が抜けやすいよう中央を空けて入れる。
2. 4～5分蒸して取り出す。
3. 2を盆ザルなどに広げ、天日に干す。
4. カラカラになるまで乾燥させたら、ジッパーつきのポリ袋に乾燥剤と一緒に入れて保存する。

春の野草

つくしのふりかけ

香ばしくて栄養豊富
子どもが喜ぶごはんのお供

材料（作りやすい分量）

干しつくし……26g
洗い金胡麻……大さじ2
板のり（全形）……1枚
青のり……大さじ2
乾燥わかめ※……5g
塩……大さじ1と1/3

※カットわかめでも可。

作り方

1. できるだけ頭が閉じているつくしを用意するが、開いているものも使える。P44の「つくしの下処理」を参照して、はかまを取って洗う。
2. P45の「干しつくしの作り方」を参照し、1を蒸してから乾燥させる。
3. 塩はフライパンで20分ほど木べらで混ぜながら乾煎りし、すり鉢に入れてやや粉末状になるまですり、取り出す。
4. 炒められる土鍋またはフライパンを弱めの中火で温め、2を細かくして入れる。手または菜箸を右回転させながら、つくしが完全にカラッとするまで炒る。これをすり鉢に入れ、細かくすりつぶす。
5. P35の作り方2を参照して胡麻を煎る。
6. 乾燥わかめはサッと炒って別のすり鉢に入れ、すりこぎでつついて細かくしておく。青のりもサッと炒っておく。
7. 板のりはパリッとするまであぶり、細かくちぎるか手でもんで細かくする。
8. 4に5の胡麻と、6のわかめと青のり、7ののり、3の焼き塩を加え、ゆっくり丁寧に混ぜ合わせる。

つくしの辛子和え

肺によい辛子を使った
ピリ辛の一品

材料（作りやすい分量）

つくし……80g
塩（アク抜き用）……大さじ1
粉辛子※……小さじ1
ぬるま湯……約小さじ1/2
醤油……大さじ1弱

※練り辛子でも可。

作り方

1. つくしは頭が閉じているものを用意する。P44の「つくしの下処理」を参照して、はかまを取って洗う。
2. 塩を入れた熱湯に1を入れ、サッとゆでてザルにとり、長さ1cmほどに切ってから水気をしぼってボウルに入れる。
3. 湯呑み茶碗などに粉辛子を入れ、ぬるま湯を少しずつ加えて溶き、伏せておく。こうすると辛味が引き立つ（練り辛子の場合は不要）。
4. 3に醤油を加えてよく混ぜ、2のつくしに加えて和える。

つくしのナムル風

胡麻油がつくしにからんで
やめられないおいしさ！

材料（作りやすい分量）
つくし……150g
塩（アク抜き用）……大さじ1
洗い金胡麻……大さじ1
醤油……大さじ1と1/3
薄口醤油……大さじ1と1/3
胡麻油……小さじ1
塩（仕上げ用）……少々

作り方

1. つくしは頭が閉じているものを用意する。P44の「つくしの下処理」を参照して、はかまを取って洗う（長いものは喉に引っかかるので、洗う前に食べやすい長さに切るとよい）。
2. 塩（アク抜き用）を入れた熱湯に1を入れ、サッとゆでてザルにとり、水気をしっかりしぼる（蒸し煮でもよい）。
3. P35の作り方2を参照して胡麻を煎り、すり鉢に入れて粒が残る程度に軽くする。
4. 3に冷めたつくしを入れ、醤油2種と胡麻油、塩（仕上げ用）を加え、手で右回転で混ぜ合わせる。

春の野草

つくし炒め
昔からの定番で飽きない味わい

材料（作りやすい分量）
つくし…170g
胡麻油…小さじ1
塩（炒め始め用）…少々
醤油…大さじ1と1/2
塩（仕上げ用）…少々

作り方

1. つくしは頭が閉じているものを用意するが、開いているものも使える。P44の「つくしの下処理」を参照して、はかまを取って洗う。
2. 1を水きりし、ふきんで軽く水気を拭き取る。
3. 厚手のフライパン（あれば鋳物製）を火にかけてしっかり熱し、煙が出てきたら胡麻油をひいて2を入れ、塩（炒め始め用）をふってから、右回転で混ぜながら炒める。
4. つくしが透き通ってしんなりしたら、フライパンの端に寄せて中央を空け、醤油を入れる。
5. すぐに火を止め、右回転で手早く混ぜる。味見して仕上げの塩をふり入れ、余熱で炒める。

> 春の野草

よもぎ

効能満点の野草の王様
草餅だけでなく、
和えたり炒めたり、汁ものにも

　草餅でおなじみのよもぎですが、実は、血液を浄化する力が強く、栄養豊富で造血作用もあり、抗酸化作用もあるすごい野草なのです。一般には、よもぎがおかずや汁ものなどに使えることがあまり知られていませんが、さまざまな料理に活用できるので、ぜひ春の食卓に頻繁に登場させてください（前著『若杉ばあちゃんのよもぎの力』にたくさんレシピを載せています）。

　よもぎが体にいいからと、初夏になっても食べている人がいますが、アクが強くなっているのでやめましょう。食べるのもお茶にするのも、4月末までと心得てください（寒冷地は時期がズレます）。

　一度草刈りしたあとに生えてきたよもぎも、アクが強くなっているので、摘むのは避けること。

おススメ よもぎ料理

本書に掲載の和えもの全般
チヂミ（P182・アク抜きしたよもぎと玉ねぎ、にんじんで）

よもぎとめかぶの味噌汁

よもぎと同じ頃にとれるネバネバの海藻で、ぜひ！

材料（4人分）

よもぎ……30g

塩（アク抜き用）……大さじ1

生めかぶ※……100g弱

昆布だし（P19の作り方1）
　……5カップ

味噌（できれば三年米味噌）
　……大さじ6強

※ 味のついていないパックのめかぶや乾燥めかぶでも可。

作り方

1. よもぎはP11～12の「野草のアク抜き法」を参照して下処理をする（塩ゆでして水にさらす）。ゆで時間は、新芽なら沸騰してから10数える程度にし、成長するごとに少し長くゆでる。水にさらす時間は、出始めのよもぎで摘みたてなら10分、少し大きくなったら15分、さらに大きくなったら20分に。小さくても摘んでから時間がたったよもぎは、20分さらすこと。

2. 1をザルにあげて水気をしぼり、粗みじんに切って、再度しぼる。

3. めかぶは洗ってキッチンペーパーで水気を拭き取り、芯と耳を切り離し、粗みじんにして、少しトントンとたたく（乾燥めかぶの場合は水でもどす）。

4. 分量の昆布だしから少量とって、味噌を溶く。

5. 残りの昆布だしを沸かし、2のよもぎをほぐし入れ、沸騰したら3のめかぶを入れる。再度沸いたら4を注ぎ、グラッと沸いてきたら火を止める。

＊よもぎが多いと、くどくなるので量に注意！

春の野草

よもぎとわかめの梅肉和え

丁寧なアク抜きでよもぎが優しい香りに

材料（作りやすい分量）

よもぎ‥‥50g

塩（アク抜き用）‥‥大さじ1

生わかめ※‥‥55g

梅干し‥‥2個

みりん‥‥大さじ2

醤油‥‥大さじ1

※ 塩蔵わかめや乾燥わかめでも可。

作り方

1. 梅干しは水に数時間浸けて、塩抜きしておく（量を減らして、塩抜きなしでも）。
2. よもぎはP11〜12の「野草のアク抜き法」と左下を参照して下処理をする（塩ゆでして水にさらす）。
3. 2をザルにあげて水気をよくしぼり、長さ1cmに切ったら、再度しぼってほぐす（切り方はP13の「野草の切り方」を参照）。
4. 生わかめは芯を除き、洗って熱湯に入れ、色が変わったらザルにあげる。水洗いしてから、ザク切りにする。塩蔵わかめの場合は2回洗って塩を洗い流してからもどし、ゆでずにカットして使用。乾燥わかめならそのまま水で歯ごたえよくもどしてからサッとゆでる。
5. P26の作り方2を参照して煮きりみりんを作ってボウルに入れ、塩抜きしておいた梅干しの種を除いて包丁でたたいて混ぜ、醤油も混ぜて和え衣を作る。
6. 3のよもぎを5に入れ、4のわかめもしぼって加え、手で右回転で混ぜる。

よもぎをゆでる時間とさらす時間

● ゆで時間は、新芽なら沸騰してから10数える程度にし、成長するごとに長くしていく。

● 水にさらす時間は、出始めのよもぎで摘みたてなら10分、少し大きくなったら15分、さらに大きくなったら20分に。

● 小さくても摘んでから時間がたったよもぎは、20分さらすこと。

● アクが強くなってきたら、水にさらしたあとに醤油洗いもする（P13）。

春の野草

ゆきのした

野草天ぷらのなかでは
ダントツのおいしさ！
発熱や目、耳の手当てにも有効

ゆきのしたは、肉厚でかわいい形をしているので、天ぷらにすると見栄え、味とともによく、子どもから大人まで人気があります。青と赤、二種類のゆきのしたがありますが、どちらも食用になります。薬用には赤いもののほうが効果があります。

裏が赤いゆきのしたは陽性で、手当てにも大活躍します。目の疲れや中耳炎、子どもが熱を出したときなど、昔の人はゆきのしたを使った民間療法で治していました。

日陰の湿気のあるところで繁殖しやすいので、根っこごととってきて家の庭などに植えるとよいでしょう。ベランダや室内のプランターでも育ちます。

おススメ ゆきのした料理

ペペロンチーノ（P96）
野菜天丼（P137）

春の野草天ぷら
衣を箸でしごいてパリッと揚げる

材料（4人分）
ゆきのした……4枚
よもぎ……4本
ふきの若葉……4枚
おおばこ……4枚

天ぷら衣
　地粉（国産小麦粉）……1/2カップ
　水……1/2カップ
　塩……小さじ1

地粉（ポリ袋に入れる用）……大さじ3
菜種油（新しい油）……適量

大根おろし……適量
梅酢……適量
柑橘（かんきつ）……適量
塩……適量

＊大根の酵素が油を分解する。
＊天ぷらは食べる分だけ揚げること。時間がたつと油が酸化して、血液を汚してしまう。食べすぎに注意。

よもぎ（上）、ふきの若葉（左）、
おおばこ（下）、ゆきのした（右）

おススメ 野草天ぷらの組み合わせ

おおばこ（左上）、桑の葉（左下）
柿の若葉（右下）、葛の葉（右上）

作り方

1. 天ぷら衣を作る。地粉と水は1対1の割合でボウルに入れ、塩も加えて菜箸でザッと混ぜる。
2. 野草は洗ってザルにあげ、数枚ずつ軸を手で持って振って水きりする。
3. ポリ袋に地粉を入れ、2の野草を入れる。空気を入れて袋をふくらませて口をしぼり、袋をポンポンと振って葉の表面に粉をまんべんなくつける。
4. 厚手のフライパン(できれば鋳物製)に菜種油を深さ1cmほど入れて温め、1の衣を少量箸先にとって落とし、温度をみる。衣がすぐに浮いてきたら適温(約170度)。
5. 油が適温になったら、3の野草を衣にくぐらせ、菜箸でしごいて余分な衣を落としてから揚げる。
6. 葉のまわりが茶色くなって、7割方火が通ったら裏返し、残り3割を目安に揚げる(裏返すのは一度だけに。何度も触ると、衣が破れて中に油が入り、カラッと揚がらず陰性な天ぷらに)。
7. カラッと揚がったら、油がきれるようバットに立てて並べる。
8. ザルに入れて汁気をきった大根おろしに梅酢をかけて天ぷらに添えるか、塩をふり、柑橘をしぼっていただく(大根の汁は捨てないで味噌汁に入れる)。

春の野草

おおばこ

大地に張りつく陽性な野草
早い時期の美しくて柔らかい葉を摘んで

草相撲で親しまれているおおばこは、車前草（しゃぜんそう）と呼ばれ、踏まれてもへこたれない強靭（きょうじん）な草です。生え方も地面に張りついているため、大変陽性な野草といえます。甘いものや果物をたくさん食べて陰性になっている人は、おおばこを陽性に味つけをして（濃いめにして）食べて、体を強くしてほしいものです。

踏みつけられても生命力は旺盛で、ほかの野草と比べ繊維が強くてかたいので、若草色のみずみずしいときに摘んで、いろいろな和えものにしてください。

実がついたらお茶にして飲むとよいです。特に乳腺炎の改善におススメです（P171）。

おススメ おおばこ料理

本書に掲載の和えもの全般
天ぷら（P56）

材料（作りやすい分量）
おおばこ……70g

| 塩（アク抜き用）……大さじ1
| 割醤油（アク抜き用）……適量

洗い黒胡麻……大さじ1
みりん……大さじ1
味噌（できれば三年米味噌）
　……大さじ1強

おおばこの胡麻味噌和え
コクがあって食べごたえのあるおかず

作り方

1. おおばこは、P11～13の「野草のアク抜き法」を参照して下処理をする。筋がかたいので数分間ゆで、水にさらす時間と醤油洗いの間はいずれも10～20分。

2. 胡麻はP35の作り方2を参照して香ばしく煎り、すり鉢に入れて油が出るまでよくする。

3. P26の作り方2を参照して煮きりみりんを作り、冷ましてから2のすり鉢に入れる。これに味噌を加えてすり混ぜ、和え衣を作る。

4. 1をザルにあげて水気をしぼり、長さ1cmに切り、再度しぼってほぐす（切り方はP13の「野草の切り方」を参照）。

5. 4を3のすり鉢に入れ、手で右回転で混ぜる。力強くもむことで味がしみ込む。

おおばこと野菜の炒めもの
摘みたてをそのまま切って野菜と炒める

材料（作りやすい分量）

おおばこ……30g
干ししいたけ……2個
きくらげ……4g
玉ねぎ……1個（170g）
にんじん……40g

にんにく……小2かけ
生姜……7g
胡麻油……大さじ1
酒……大さじ1
みりん……大さじ1

薄口醤油……大さじ1
塩（味つけ用）
　……ひとつまみ
こしょう……少々
塩（仕上げ用）……少々

作り方

1. おおばこは、洗って水きりし、ふきんでよく水気を拭き取り、細切りにする。
2. 干ししいたけと水2カップ（分量外）を小鍋（あれば片手の土鍋）に入れ、ふたをしないで中火にかける。沸騰したらそのままの火でグラグラと煮立たせ、しいたけの陰を飛ばす。しいたけが柔らかくもどったら、石づきを切り落とし、笠は薄くスライスし、軸は繊維に沿って縦に薄切りにする。
3. きくらげはぬるま湯でもどし、石づきをカットして細切りにする。
4. 玉ねぎは薄い回し切りにする（縦半分に切り、縦に置いて放射状のくし形に切る）。
5. にんじんは皮つきのまま薄い斜め切りにしてから、短冊切りにする。
6. 生姜とにんにくはみじん切りにする。
7. 厚手のフライパン（できれば鋳物製）を強火で熱し、胡麻油をひき、にんにくと生姜を入れて炒める。すぐに玉ねぎを入れて塩少々（分量外）をふって右回転で炒める。
8. きくらげとしいたけ、おおばこ、にんじんを順に入れ、その都度塩少々（分量外）をふりながら炒める。
9. 玉ねぎが透き通ったら、中央を空けて酒を入れ、全体を混ぜて炒める。アルコール臭さがなくなったら、再度中央を空けてみりんを入れ、混ぜて炒める。
10. みりんのアルコールが飛んだら中央を空けて薄口醤油を入れ、塩（味つけ用）とこしょうをふってザッと混ぜて炒める。
11. 火を止め、味見して仕上げの塩の量を決め、ふり入れて余熱で炒める。

ふきの若葉

春の野草

ほろ苦いふきの若葉は
魚好きには、特においしく感じられる

ふきの葉はふきのとうやふきと同じく、魚の毒消しになります。また、ふきの葉の繊維は、腸の蠕動運動を助けます。毒素は体からなかなか出せないものですが、野草の力が尿や大便、汗で出してくれます。体の大掃除をしてくれるのです。

大きい葉はとても苦いので、小さくて若草色の葉を摘んで料理しましょう。3月のものはアク抜きも短時間でよいですが、4月になったら長時間は必要。5月以降はアクが強くて食べられません（寒冷地は時期がズレます）。

塩ゆでして水にさらしてから、しぼって葉を広げて天日で干せば保存食になります。冬に水でもどしてつくだ煮やサッと煮にしたり、炒めてスープの具にすると体が温まります。また、天日干ししたふきの葉をふりかけにすると重宝します。

おススメ ふきの若葉料理

ふきの若葉と
　ねこじゃらしのふりかけ
（P164・アク抜きして乾燥させたものを
手で細かくして軽く炒る）

ふきの若葉の つくだ煮

心臓にいい苦味が だんだんくせになる

材料（作りやすい分量）

ふきの若葉（直径10cm以内）
　　……60g
塩（アク抜き用）……大さじ1
酒……大さじ2
みりん……大さじ2
薄口醤油……大さじ2
昆布だし（P19の作り方1）
　　……小さじ2
塩（仕上げ用）……少々

作り方

1. ふきの若葉は大きくなると苦くなるので、3月のうちに作る。鍋に湯を沸かして塩（アク抜き用）を入れ、ふきの若葉を入れてゆでる。グラグラと沸いたら葉を引き上げ、1時間半くらい水にさらす（もう少し成長したものは、水を2～3回替えて3時間水にさらす）。
2. 1をザルにあげて水気をしぼり、粗みじんに切る。
3. 土鍋を火にかけて温めたところに酒を入れ、煮立ったらみりんを加える。みりんのアルコール臭がなくなったら薄口醤油を加え、煮立ったら昆布だしを入れる。
4. 再び煮立ったら2のふきの葉を入れて混ぜ、グツグツと沸いたら弱火にし、汁気がなくなるまで煮る。
5. 味見して仕上げの塩をふり入れて混ぜる。

甘辛味噌のふきの葉包みごはん

葉っぱの苦味と薬味たっぷりの甘辛い味噌が相性抜群

材料（20個分）

ふきの若葉（直径10cm以内）
　……20枚
塩（アク抜き用）……大さじ1
土鍋で炊いた三分づき米ごはん（P114）
　……300g

味噌だれ
> 洗い金胡麻または白胡麻
> 　……大さじ2
> 味噌（できれば三年米味噌）
> 　……大さじ1
> 醤油……小さじ4
> にんにく……小5かけ
> 生姜……6g
> 酒……大さじ2
> みりん……大さじ3
> 胡麻油……小さじ1
> コチュジャン（好みで）
> 　……小さじ2強

作り方

1. 鍋に湯を沸かして塩を入れ、洗ったふきの葉を入れ、葉脈を指ではさんでみて、少し柔らかくなったらすぐに引き上げる。
2. ザルにあげて水きりし、ボウルに張った水に入れ、水を替えて5時間くらいさらす（出始めのふきの葉ならもっと短くてもよい）。途中、1〜2回水を替えること。
3. 味噌だれを作る。生姜は皮つきのままにんにくとともにすりおろす。
4. 小鍋（あれば片手の土鍋）を中火にかけて温め、酒を入れて沸騰させ、アルコール臭さがなくなったらみりんを入れて煮きり、耐熱の器に移して冷ます。
5. 胡麻はP35の作り方2を参照して香ばしく煎り、すり鉢に入れて8割方すり、味噌と醤油を加えてすり混ぜる。
6. 3のおろしにんにくとおろし生姜を5に加えて混ぜ、4と胡麻油、好みでコチュジャンを加えてしっかり混ぜて、味噌だれを仕上げる。
7. 2のふきの葉をザルにあげ、水気をしぼり、広げて水気をしっかり拭き取る。葉の表面に味噌だれを塗り、ごはんを大さじ1のせ、包んでいただく。たれはごはんの上からかけても。

＊具なし、塩なしのおにぎりに味噌だれを塗り、下処理したふきの葉で巻いても。

春の野草

せり

香りと味、歯ごたえがいい
春から夏にかけて
水ぜり、田ぜり、山ぜりの味わいを楽しむ

せりやよもぎ、はこべ、よめなは、昔の人の生活にも深くかかわっていた、野草のなかでもなじみが深い植物です。

水のない場所に生えている田ぜり、山ぜり、丘ぜりは陽性で、地べたに張りついてゆっくり成長。味も香りも抜群によいです。小川など水辺に生えている水ぜりは陰性で背が高くなり、くせもなくあっさりと食べやすい味です。せりによく似た毒ぜりには、十分注意しましょう（P169）。

食養ではせりは花が咲いたら食べないこと、としています。草という字は、くさかんむりに早いと書きます。旬が早く行ってしまうということです。

おススメ せり料理

胡麻和え（P38）、磯辺和え（P74）
生姜醤油和え（P118）

せりの醤油炒め

摘みたてのせりなら
ササッと作れて超時短

材料（作りやすい分量）

せり（当日摘んだもの）…… 160g
塩（炒め始め用）…… 少々
胡麻油…… 大さじ1
薄口醤油…… 大さじ1
醤油…… 大さじ1
酒…… 大さじ1
みりん…… 大さじ1
塩（仕上げ用）…… 少々

作り方

1. せりは洗ってよく水をきり、長さ1.5cmのザク切りにする。摘みたてのせりがない場合は、ゆでてアク抜きをして（P11～12）、しっかりしぼってから料理に使うこと。
2. 厚手のフライパン（できれば鋳物製）または中華鍋をカンカンに熱し、胡麻油をひいて1のせりを入れ、塩（炒め始め用）をふって菜箸で右回転で混ぜながら炒める。
3. せりがしんなりしてきたら、中央を空けて酒を入れ、全体を混ぜて炒める。
4. アルコール臭さがなくなったら、再度中央を空けてみりんを入れ、同様に混ぜてアルコールを飛ばして炒める。
5. 4に薄口醤油と醤油も加えて炒める。
6. 火を止め、味見して仕上げの塩をふり入れて余熱で炒める。

せりごはん 2種
塩味、醤油味

スッキリ系の塩味と
優しいうまみの醤油味

塩味

醤油味

塩味

材料（作りやすい分量）

土鍋で炊いた三分づき米ごはん（P114）
　……250g

せり……150g

塩（アク抜き用）……大さじ1

塩（味つけ用）……小さじ1と1/3

洗い胡麻（白、金、黒のいずれか）
　……大さじ1

板のり（全形）……1枚

作り方（塩味）

1. せりはP11〜12の「野草のアク抜き法」を参照して下処理をする（塩ゆでして水にさらす）。ゆでるときはサッとゆでる程度にし、水にさらす時間は、出始めなら15分、成長したものなら20分に。
2. 1をザルにあげて水気をよくしぼり、粗みじんに切って、さらに水気をしぼる（切り口からさらに水分が出てくるため）。
3. 厚手のフライパン（できれば鋳物製）を熱し、せりをほぐし入れて乾煎りする。水分が飛んでサラサラになったら塩（味つけ用）をふり入れて炒め、なじませたら火を止める。
4. 胡麻は、P35の作り方2を参照して香ばしく煎る。のりはあぶって縦に四つ折りにしてから、キッチンばさみで細く刻む。
5. 炊きたてのごはんに3のせりと4の胡麻を混ぜ、食べる直前にのりを散らす。

醤油味

材料（作りやすい分量）

土鍋で炊いた三分づき米ごはん（P114）
　……250g

せり……150g

塩（アク抜き用）……大さじ1

薄口醤油……大さじ1/2

醤油……大さじ1/2

洗い胡麻（白、金、黒のいずれか）
　……大さじ1弱

酒……大さじ1

胡麻油……小さじ1

塩（仕上げ用）……少々

作り方（醤油味）

1. せりは「塩味のせりごはん」と同様にアク抜きしてから粗みじんにし、水気をしぼってほぐす。
2. 厚手のフライパン（できれば鋳物製）を火にかけ、温まったら胡麻油をひき、1のせりを入れて塩少々（分量外）をふり、菜箸で右回転で混ぜながらサッと炒める。
3. 2に酒を加えて炒め、アルコール臭さがなくなったら醤油を回し入れてひと混ぜし、薄口醤油も加えて炒める。
4. 3に仕上げの塩をふり入れて混ぜ、火を止める。
5. 胡麻はP35の作り方2を参照して香ばしく煎る（すらないで、胡麻の香りをいただく）。
6. 炊きたてのごはんに4のせりと5の胡麻を混ぜる。

春の野草

野かんぞう

甘味があって食べやすい
野菜感覚で重宝に使えるのがいい

　とても食べやすい、甘味のある野草なので、野菜のように味噌汁の具にしたり、和えもの、炒めものにできます。

　出始めは小さなV字の尖（とが）った葉が地面から顔を出しているような姿で、この頃に摘んだものは先端まで柔らかいため、緑色の部分全体を食べることができます。成長すると葉がかたくなるので、根元の白いところだけを使ってください。

　初夏になると鮮やかな橙色のゆりのような花をつけるので、翌年の春に備えて場所を確認しておきましょう。花は極陰性なので食べませんが、かたく閉じた蕾（つぼみ）は炒めていただきます（P157）。

おススメ 野かんぞう料理

梅肉和え（P53）　酢味噌和え（P85）
辛子和え（P99）　辛子酢味噌和え（酢味噌に辛子を加える）
白和え（P102）　梅酢漬け（P159）

せりのナムル風
P72

つくしのナムル風
P48

春のナムル風 3種

野かんぞうのナムル風

野かんぞうのナムル風
野草だとはわからないかも

材料（作りやすい分量）
野かんぞう……100g
塩（アク抜き用）……大さじ1
洗い金胡麻……大さじ1
醤油……大さじ1
薄口醤油……大さじ1
胡麻油……小さじ1
塩（味つけ用）……少々

作り方
1. 野かんぞうは出始めの小さくて柔らかいものは先端まで使えるが、成長したら上部はなるべくカットして根元の白い部分だけを使用する。P11〜12の「野草のアク抜き法」を参照して下処理をする（塩ゆでして水にさらす）。爪がスッと入るくらいまでゆでる。水にさらす時間は10分。
2. 1をザルにあげて水気をしぼり、長さ1cmに切り、再度しぼってほぐす（切り方はP13の「野草の切り方」を参照）。
3. 胡麻はP35の作り方2を参照して香ばしく煎り、すり鉢に入れて1割程度する。
4. 3に冷めた2を入れ、2種の醤油と胡麻油、塩（味つけ用）を加え、よく混ぜる。

せりのナムル風

材料（作りやすい分量）
せり……180g
塩（アク抜き用）……大さじ1
洗い胡麻（白、金、黒のいずれか）……大さじ1/2
醤油……大さじ1
薄口醤油……大さじ1
胡麻油……小さじ1
一味とうがらし※（好みで）……適量

※ 七味とうがらしでも可。

作り方
1. せりはP11〜12を参照し、塩ゆでして水にさらす。ゆでるときは、そろえて軸から湯に入れ、水にさらすのは15分。
2. 「野かんぞうのナムル風」の作り方2〜3と同様に作る。
3. 胡麻のすり鉢に下処理して切ってしぼったせりを入れ、2種の醤油と胡麻油、好みで一味とうがらしか七味とうがらしをふり、よく混ぜる。

みつば

春の野草

栽培ものとは全然違う力強い香り
薬味として使うだけではもったいない
汁ものや和えものに

　野生のみつばは市場に出ている水耕栽培ものとはまったく別物で、とてもいい香りがして味が濃く、歯ごたえもシャキッとしています。

　一般には吸いものや丼ものくらいにしか使われていませんが、アク抜きして海藻と合わせて和えものにすると絶品です。森の入り口や日陰の湿った場所に群生しているので、たっぷり摘んで春の香りを楽しみましょう。

　毒草のきつねのぼたんが混在していることが多いので、形状でわからないときは1本摘むごとに香りを確かめること（P169）。

　出始めは柔らかくてアクも少ないですが、大きくなると茎がかたくなってアクも強くなるので、和えものには上のほうだけを使い、アク抜きも醤油洗いまでしてください。汁ものには若い葉を。

おススメ みつば 料理

胡麻和え（P38）
酢味噌和え（P85）
白和え（P103）
味噌汁やうどん、そばのうき実

みつばの磯辺和え

磯の香りとみつばの香りで
食欲がそそられる

材料（作りやすい分量）
みつば……100g
塩（アク抜き用）……大さじ1
板のり（全形）……2枚
水……大さじ1
醤油……大さじ2

作り方

1. みつばはP11〜13の「野草のアク抜き法」を参照して下処理をする（塩ゆでして水にさらす。アクが強い時期は醤油洗いまでする）。ゆでるときは再沸騰したらすぐにあげればよく、ゆですぎないように注意する。水にさらす時間は10〜20分。

2. 板のりは両面をあぶってちぎり、ボウルに入れる。これに分量の水を加え、のりを湿らせる。さらに醤油を加えて2〜3分おく（割醤油にのりのだしが出る）。

3. 1をザルにあげて水気をしぼり、長さ1cmに切り、再度しぼってほぐす（切り方はP13の「野草の切り方」を参照）。

4. 3を2に加え、手で右回転で混ぜ合わせる。

春の野草

みつばの わさび醤油和え
わさびの辛味で
みつばの香りが際立つ

材料(作りやすい分量)
みつば……100g
塩(アク抜き用)……大さじ1
粉わさび※……大さじ1
水……小さじ1/2
薄口醤油……大さじ1

※ 生わさびまたは練りわさびでも可。

作り方
1. みつばはP11～13の「野草のアク抜き法」を参照して下処理をする(塩ゆでして水にさらす。アクが強い時期は醤油洗いをする)。ゆでるときは再沸騰したらすぐにあげればよく、ゆですぎないように注意する。水にさらす時間は10～20分。
2. 湯呑み茶碗などに粉わさびを入れ、水を加えて溶き、ツンとした辛味が出てくるまで伏せておく。
3. 1をザルにあげて水気をしぼり、長さ1cmに切り、再度しぼってほぐしてボウルに入れる(切り方はP13の「野草の切り方」を参照)。
4. 2に薄口醤油を入れて混ぜ、3に加えて手で右回転で混ぜ合わせる。

みつば入り
わかめスープ

うまい！ と
思わずうなる味

材料（4人分）
みつば……15g
塩蔵わかめ……90g
生姜……17g
胡麻油（炒める用）……大さじ1
昆布だし（P19の作り方1）……5カップ

煮醤油
　醤油……大さじ3
　薄口醤油……大さじ3

塩……少々
胡麻油（仕上げ用）……小さじ1

作り方

1. 塩蔵わかめは2回洗って塩を落としてから水に浸けてもどし、長さ2cmにザクザク切って水気をきる。
2. みつばは生のままザク切りにし、生姜は皮つきのままセン切りにする。
3. 鍋（あれば炒められる土鍋）を中火にかけて熱し、胡麻油（炒める用）を回し入れて1のわかめを入れ、少し炒める。ここに2の生姜を入れ、塩少々（分量外）をふってサッと炒める。
4. 3にアツアツの昆布だしを加えて煮る。
5. 小鍋（あれば片手の土鍋）に醤油と薄口醤油を入れて煮立てる（煮醤油にして、陽性にする）。
6. 4が煮立ったところに、5の煮醤油を入れる。
7. 6に塩を加えて再度煮立ったところに2のみつばを加え、火を止めて胡麻油（仕上げ用）を回し入れ、ひと混ぜして仕上げる。

＊中華鍋で作るとコクが出て、鉄分補給にもなる。

> 春の野草

あさつき

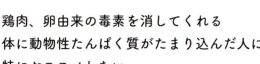

鶏肉、卵由来の毒素を消してくれる
体に動物性たんぱく質がたまり込んだ人に
特におススメしたい

　ネギ属のあさつきは、鶏肉や卵の毒消しに働くデトックス食材。現在菜食傾向の人でも過去に食べた鶏肉、卵由来のたんぱく質や脂肪が体にたまっているので、あさつきを刻んでびんに入れ、醤油と胡麻油を混ぜて常備菜にするといいでしょう。

　あさつきは、春と秋に摘めるのがうれしいところ。栽培ものも同時期にとれますが、野生のほうが細くて柔らかく、和えものにしても食べやすいです。

　のびると間違えて摘む人が多いですが、あさつきは尖（とが）った葉が数十本の株となってピンと立っています。一方、のびるはピンとしておらず、単独で生えています。あさつきはらっきょうとも間違えられますが、少し噛めば匂いでわかります。

あさつきの
ピリ辛和え

あさつきの風味に塩気と辛味でたまらないおいしさ

材料（作りやすい分量）
あさつき……70g
洗い金胡麻……大さじ2
胡麻油……大さじ1弱
醤油……大さじ1と1/2
薄口醤油……大さじ1と1/2
一味とうがらし※（好みで）
　……適量

※七味とうがらしでも可。

作り方

1. あさつきは枯れた葉などを除いて洗い、ふきんかキッチンペーパーで水気をしっかり拭き取る（水気が入ると日もちしないので、水分を残さないようによく拭き取ること）。
2. 先端5cmほどを切り落とし（陰性で有害物質がたまりやすいため）、長さ1.5cmに切る。
3. 胡麻はP35の作り方2を参照して香ばしく煎り、すり鉢に入れて8割ほどする。
4. 3のすり鉢に2のあさつきを入れて胡麻油を入れ、醤油と薄口醤油を加え、一味とうがらしをふる。手でしっかりと握り、力を入れて40〜50回もみ込んで味をなじませる。
5. 10〜15分おいてからいただく。その日のうちに食べきるとよい。

春の野草

あさつきの掃除前（左）と掃除後（右）

あさつき・のびるの下処理

あさつきやのびるは枯れた葉やひげのような部分をきれいに掃除しないと、料理に使えません。細いので、少しめんどうですが、丁寧に取り除いてください。

1. あさつきまたはのびるは枯れた葉などを除いて洗い、水きりする。
2. 陰性な先端を5cm以上切り落とす。

＊酸性雨や化学肥料などの有害物質が先端に集まっているため、切り捨てて口にしないこと。

あさつきの塩昆布和え

鮮やかな彩りの
ごちそう和えもの

材料（作りやすい分量）

あさつき……100g

にんじん……30g

塩昆布（自然食品店で購入したもの）……20g

醤油……大さじ1弱

生姜……25g

作り方

1. 上記のように掃除したあさつきはふきんかキッチンペーパーで水気をしっかり拭き取り（調味液に水気が入ると日もちしないので、水分を残さぬよう）、先端をカットしてから長さ1.5cmに切る。
2. にんじんは皮つきのまま斜め薄切りにしてからせん切りにし、生姜も皮つきでみじん切りに。塩昆布は長さ1cmに切る。
3. ボウルに1と2を入れ、醤油を加える。手でしっかりと握り、力を入れて40〜50回もみ込んで味をなじませ、10〜15分おいてからいただく。

あさつきとのびる、たんぽぽの天ぷら
かわいくて、遊び心満載の
リング揚げ

材料（4人分）

- あさつき……4本（細いものなら8本）
- のびる……4本（細いものなら8本）
- たんぽぽの葉（長いもの）……8本
- たんぽぽの花……4個

天ぷら衣
- 地粉（国産小麦粉）……1/2カップ
- 水……1/2カップ
- 塩……小さじ1

- 地粉（ポリ袋に入れる用）……大さじ3
- 菜種油（新しい油）……適量

- 大根おろし……適量
- 醤油……適量

作り方

1. 野草は土のすぐ上で摘み、できるだけ長いものを用意する。摘みたてのピンと張ったものはリングにするときに折れやすいので、1〜2時間おいた方が少ししなっとして巻きやすい。
2. あさつきとのびるは、枯れた葉などを取り除き、たんぽぽの葉とともに洗って水気を拭き取る。。
3. 野草をリング状に形作る。細いものや短いものは、2〜3本を組み合わせて作るとよい。まず野草1本を根元から輪を作るように、人差し指と中指に2周ほど巻きつけ、指からはずす。残った葉の部分をリースのように輪に巻きつけていく。先端は輪の隙間にはさみ込み、ほどけないようにする。
4. リング状になった野草は水にくぐらせてザルにとり、軽く水気をきってボウルに入れ、上から地粉をふりかける（少し水気が残っているほうが地粉がつきやすい）。
5. P57の「春の野草天ぷら」の作り方1を参照して天ぷら衣を作り、作り方4〜7を参照して3種の野草のリングの天ぷらを作る。たんぽぽの花は同ページの作り方2〜7を参照して揚げる。
6. 天ぷらを器に盛りつけ、ザルに入れて汁気を軽くしぼった大根おろしと醤油を添える（大根の汁は捨てないで味噌汁に入れる）。

春の野草

のびる

球根は土に埋めておくと
毎年育つ生命力の強さ

のびるもあさつき同様、鶏肉や卵のたんぱく質の分解と毒消しに働きます。動物性食品をたくさん食べてきた人の血液は酸化していて、肝臓にも負担がかかっているのですが、のびるはそれを改善してくれます。

ゆでて酢味噌和えにするのが最高で、肝臓ケアにもなりますが、炒めた料理もおいしくて、食べると元気が出てきます。

摘むときは地面のすぐ上に親指の爪を立て、土の中に玉（球根）を残すと根絶を防げます。

玉を生で食べる人が多いですが、体を冷やすので、食べるときは焼くか炒めるかして熱を加えていただいてください。

おススメ のびる料理

のびると油揚げのぬた（P85・油抜きした油揚げを加える）
チヂミ（P182・生ののびるで）
のびるのサッと炒め

のびるの酢味噌和え

体が、肝臓が
待ってましたと歓喜する！

材料（作りやすい分量）

のびる（玉を残して上を摘んだもの）……150ｇ

塩（アク抜き用）……**大さじ1**

酢味噌
- 洗い金胡麻……**大さじ2と2/3**
- みりん……**大さじ1と1/2**
- 酢……**大さじ3**
- 味噌（できれば三年米味噌）……**大さじ1**

作り方

1. のびるは枯れた葉や汚れた部分を除いてきれいにしてから洗う。塩を入れたたっぷりの湯にのびるを入れてゆでる。根元に近いところを指でつかんで柔らかくなったのを確認したらザルにあげ、水を入れたボウルにとる。水を替えてさらすが、出始めで摘みたてのものは5分程度でよく、暖かくなって成長したものや、初期のものでも摘んでから時間がたったのびるは20分さらす。

2. 1をザルにあげ、水気をしぼって先端の陰性な部分を5cmほど切り落とす。長さ1.5cmに切る。
3. 胡麻はP35の作り方2を参照して香ばしく煎り、すり鉢に入れて8割すりする。
4. P26の作り方2を参照して煮きりみりんを作り、耐熱の器に移す。空いた鍋にすぐに酢を加え、ぐるりと回したらみりんの器に入れて冷ます。
5. 3のすり鉢に冷めた4を入れてすり混ぜ、味噌を加えてさらにすり混ぜる。
6. 2ののびるの水気をしぼってほぐし、5のすり鉢に入れ、手を右回転に回して混ぜる。

のびるの炒り豆腐

植物性食品だけでも、
大満足のメインおかずに

材料（作りやすい分量）

のびる（玉つきも可）…50g

木綿豆腐…1丁

干ししいたけ…2個

玉ねぎ…小1個

にんじん…50g

あさつき…5本

胡麻油…大さじ1

塩（炒め始め用）…少々

酒…大さじ2

みりん…大さじ2（好みで加減）

薄口醤油…大さじ3

塩（仕上げ用）…少々

作り方

1. のびるは枯れた葉や汚れた部分を除き、玉（球根）がついていたらよく洗って玉についた泥を落とす。根をカットして玉と葉を切り離し、葉は先端の陰性な部分を5cmほど切り落として長さ2cmに切る。玉は回し切りにする（縦半分に切ってから、まな板に立てて置き、放射状にくし形に切っていく）。

2. 鍋に湯を沸かして小さじ1強の塩（分量外）を入れ、豆腐を入れてゆでる。中まで温まるくらいにゆでたらふきんに包んでまな板2枚ではさみ、斜めに置いて30〜40分水きりする（土鍋の蒸し板があったら、その上にのせるとよい）。

3. 干ししいたけは、水と一緒に小鍋（あれば片手の土鍋）に入れてふたをしないで中火にかけ、沸騰しても火を弱めずに、2分煮たら火を止めて、冷めてから石づきを切り、粗みじんにする。

4. 玉ねぎとにんじんも粗みじんにする。あさつきは先端を5cmほど切り落とし、細かい小口切りにする。

5. 厚手のフライパン（できれば鋳物製）を強火にかけ、少し煙が出るまでカンカンに熱して胡麻油を入れ、玉ねぎを入れて塩（炒め始め用）をふり、菜箸を右回転で回しながら、玉ねぎが透き通るまで炒める。

6. のびるの玉、干ししいたけ、のびるの葉、にんじんを同様にして塩少々（分量外）をふりながら順に加え、炒めていく。

7. 2の豆腐をちぎりながら加え、木べらで押さえつけるようにして、じっくりと炒める。

8. 全体に火が通ったら具材を端に寄せて中央を空け、そこに酒を入れる。アルコール臭さがなくなったら手早く全体を混ぜる。再び中央を空けてみりんを入れ、同様に煮きって具と混ぜ合わせる。

9. 再度中央を空けて醤油を入れ、煮醤油になったらあさつきを入れて具と混ぜ合わせる。

10. 味をみて塩（仕上げ用）をふり、ザッと混ぜたら火を止める。

> 春の野草

クレソン

生でしか食べたことがない人に
絶対試してほしい
おいしすぎる和えもの、炒めもの！

　肉料理のつけ合わせになることが多いクレソンは、オランダミズガラシといって明治時代に渡来した植物で、帰化して全国各地の水辺に自生しています。市場には栽培ものが出回っていますが、食べるなら冷たい清流で育った野生のクレソンのほうが力強い味がしてよいでしょう。
　生で食べるのが一般的ですが、食養的な食べ方としてはおススメできません。ゆでるか炒めるかして熱を加え、しっかり味つけして陽性にしていただきましょう。
　ゆでるときは熱湯にサッとくぐらせるくらいで引き上げれば歯ごたえがよく、炒めるときも短時間で仕上げるのがコツ。

おススメ クレソン料理

わさび醤油和え（P75）
ペペロンチーノ（P96）

クレソンの塩こしょう炒め
あっという間にできる一番簡単な野草料理

材料（作りやすい分量）

クレソン…200g
胡麻油…大さじ1
塩（炒め始め用）…ひとつまみ
塩（味つけ用）…ひとつまみ
白こしょう…少々
醤油…小さじ2

作り方

1. クレソンは洗ってザルにあげ、ふきんでしっかり水気を拭き取ってから、ザク切りにする。
2. 厚手のフライパン（できれば鋳物製）を強火にかけ、少し煙が出たら胡麻油をひく。1を入れ、塩（炒め始め用）をふって右回転で手早く炒める。
3. クレソンがしんなりしたら塩とこしょうで味つけをし、火を止めてから醤油を加え、ひと混ぜして仕上げる。

春の野草

クレソンの梅酢おろし和え
油もののつけ合わせにうってつけのおかず

材料（作りやすい分量）
クレソン…… 100g
塩（アク抜き用）…… 大さじ1
梅酢…… 大さじ1と1/3
大根おろし…… 大さじ1と1/2

下処理 クレソンのゆで方

クレソンはすぐに火が通るので、ほかの野草と少し違う方法でゆでます。アクが少ないので、水にさらすのも短時間でよいです。

1. 鍋に湯を沸かして塩大さじ1を入れ、クレソンを手つきのザルに入れて、鍋に沈める。湯に入れたら、すぐに引き上げる。
2. 水にとり、冷めたらザルにあげる。

作り方

1. クレソンは左記のようにゆでて水にとり、水気をしぼって長さ1cmに切る（切り方はP13の「野草の切り方」を参照）。
2. 大根おろしはザルに入れて汁気をきり、梅酢を加えて混ぜ合わせておく（大根の汁は捨てないで味噌汁に入れる）。
3. 1を再度しぼってからほぐしてボウルに入れ、2の大根おろしを加えて和える。

春の野草

しゃく

あちこちで見かける草
間違えやすい毒草には注意！
自信がなかったら摘まないこと

　しゃくは野山のあちこちで見られる草で、にんじんの葉に似ていることから、山にんじんとも呼ばれていますが、にんじんのような強い匂いはありません。出始めの柔らかいものでも、ゆでるとシャキッとした食感が楽しめます。

　丈が伸びても、上部の柔らかいところを摘めば、花が咲くまでおいしく食べられます。

　しゃくによく似た毒にんじんという毒草があるので、摘むときは十分注意してください。しゃくはにんじんのようなほのかな香りがしますが、毒にんじんは茎を折ってみると不快な臭いがします。茎の根元に紫紅色の斑点があるのも、毒にんじんの特徴です。猛毒のふくじゅそうの葉もしゃくに似ていますが、鼻を近づけるとやはり嫌な臭いがします。

おススメ しゃく料理

本書に掲載の和えもの全般
天ぷら（P56）

しゃくの胡麻だれ和え

煮きりみりんの甘味を
加えたマイルドな胡麻和え

材料（作りやすい分量）

しゃく‥‥75g

| 塩（アク抜き用）‥‥**大さじ1**
| 割醤油（アク抜き用）‥‥**適量**

胡麻だれ

| 洗い白胡麻‥‥**大さじ2**
| みりん‥‥**大さじ1と1/2**
| 醤油‥‥**大さじ1と1/2**

作り方

1. しゃくは3月までの柔らかいものは根元から詰み、4月のものは上部だけ詰み、P11～13の「野草のアク抜き法」を参照して下処理をする（塩ゆでして水にさらし、醤油洗いまでする）。水にさらす時間と醤油洗いの時間はそれぞれ20分。
2. 胡麻はP35の作り方2を参照して香ばしく煎り、すり鉢に入れて油が出るまでよくする。
3. P26の作り方2を参照して煮きりみりんを作り、2のすり鉢に入れる。これに醤油を加えて胡麻だれを作る。
4. 1をザルにあげて水気をしぼり、長さ1cmに切り、再度しぼってほぐす（切り方はP13の「野草の切り方」を参照）。これを3に入れて和える。

春の野草

こごみ

アクが少なくてくせもない山菜
胡麻和えも美味！

こごみは、くさそてつという植物の若芽で、頭が渦巻き状になっているのが特徴ですが、一日でも収穫時期を逃すと開いてしまいます。

くせのないとてもおいしい山菜で、獣はアクの強いぜんまいやわらびに目もくれず、一目散にこごみを食べる、というくらいのおいしい野草です。形はぜんまいに似ていますが、こごみにはぜんまいのような綿毛がなく、鮮やかな緑色をしています。

とれたてのこごみなら、塩ゆでにして、醤油だけで食べるのがおススメ！　醤油洗いもしなくて大丈夫です。

産地から送ってもらうこともあると思いますが、新鮮なものはぬるぬるしています。ぬるぬるしていないものは古いので、この場合は醤油洗いまでする必要があります。

おススメ こごみ料理

胡麻和え（P38・醤油味でも味噌味でも）
天ぷら（P56）

こごみの醤油和え

シンプルにこごみ本来の味を楽しむ

材料（作りやすい分量）

こごみ……40g

| 塩（アク抜き用）……大さじ1
| 割醤油（アク抜き用）……適量

醤油……大さじ1

昆布だし（P19の作り方1）
　……大さじ1

作り方

1. こごみは頭の部分だけを使用する。P11～13の「野草のアク抜き法」を参照して下処理をする（塩ゆでして水にさらし、醤油洗いまでする）。柔らかくなるまでゆで、水にさらす時間は20分。醤油洗いは醤油3対水7で10分。
2. ボウルに醤油と昆布だしを入れて混ぜ、1の水気をしぼって加えて和える。

こごみ入りペペロンチーノ

いろいろな野草で試したい簡単パスタ料理

材料（2人分）

こごみ……60g
スパゲティ……200g
塩（スパゲティをゆでる用）
　……大さじ2強
にんにく……小5かけ
生姜……15g
赤とうがらし……1本
菜種油……大さじ1
塩（味つけ用）……小さじ1
こしょう……少々
薄口醤油……大さじ1
大根おろし（汁気をきったもの）
　……大さじ3強

作り方

1. たっぷりの湯に塩を加え、スパゲティを入れてゆでる。こごみはザク切りにして手つきのザルなどに入れ、スパゲティをゆでている湯の中に沈めてサッとゆでる。
2. にんにくと生姜（皮つき）をみじん切りにし、赤とうがらしは半分に切って種を取り、みじん切りにする（赤とうがらしは好みで使用）。
3. 厚手のフライパン（できれば鋳物製）を中火にかけ、生ぬるいくらいに温まったら菜種油を入れ、にんにくと生姜を順に入れて右回転でゆっくり炒める。
4. 3に赤とうがらしを入れて塩（味つけ用）、こしょうをふり、水気をしぼったこごみを入れ、少し芯が残る状態（アルデンテ）にゆであげたスパゲティを入れる。これにゆで汁1/2カップを加え、菜箸で右回転で混ぜる。
5. 大根おろしに薄口醤油を混ぜ、4に入れてすぐに火を止め、スパゲティに大根おろしをからめて仕上げる。

> 春の野草

よめな

古くから日本人に親しまれてきた野草
春はおいしくいただき
秋は野菊の花を活ける

　よめなは万葉の時代から食べられていた野草であることが、万葉集の歌でわかっています。

　キク科に属するため、食べるとほのかに菊の香りがします。アクが少なくくせがないので、野草のなかで最もおいしいといわれていて、菜っ葉めしや和えもの、つくだ煮、汁ものの具材など、いろいろな料理に使えます。

　アクが強くなってくると、ゆでているときに泡が出てくるので、そのときは醤油洗いをしてください。

　よめなの若葉には浄血作用があるので、現代人にとっては救世主かもしれません。

　よめなと間違えやすい草にのこんぎくがありますが、こちらは葉がザラザラしていて、よめなはツルツルしているので、そこで見極めてください。

おススメ よめな料理

胡麻和え（P38・醤油味でも味噌味でも）
天ぷら（P56）

よめなの辛子和え

野草の和えものの定番
季節ごとの野草でぜひ！

材料（作りやすい分量）

よめな⋯170ｇ

塩（アク抜き用）⋯大さじ1

粉辛子※⋯大さじ1

ぬるま湯⋯大さじ1

醤油⋯大さじ3弱

※ 練り辛子でも可。

作り方

1. よめなはP11～12の「野草のアク抜き法」を参照して下処理をする（塩ゆでして水にさらす）。水にさらす時間は15分。
2. 1をザルにあげ、水気をしぼって長さ1cmに切り、再度よくしぼってほぐす（切り方はP13の「野草の切り方」を参照）。
3. 湯呑み茶碗などに粉辛子を入れ、ぬるま湯を加えて溶き、伏せておく。こうすると辛味が引き立ってくる。
3. 3に醤油を混ぜてボウルに入れ、2を加えて和える。

春の野草

うるい

アクが少なく、ぬめりがあって
野菜のように使える食べやすい野草
湿った山野に生えている

　うるいは、おおばぎぼうしというユリ科の植物の若葉で、アクが少なく、野菜感覚で調理できる野草です。シャキシャキとした歯ごたえもうるいの魅力のひとつ。

　4月の柔らかいものはゆでてから水で洗うだけでよく、5月のものは水にさらします（寒冷地は時期がズレます）。炒めるときは、生の葉を切って使います。野草にしては珍しく、キムチやぬか漬け、浅漬けにもできます。

　うるいに似たばいけいそうという毒草があるので注意してください。

　中央の太い葉脈から細い葉脈が左右にのびているものがうるいで、すべて平行して葉脈が走っているものがばいけいそうです。

　スーパーで見かけるうるいは栽培ものなので、手を出さないように。

うるいの浅漬け

手軽に作れる
ピリ辛の漬けもの

材料（作りやすい分量）

うるい‥‥80g

生姜‥‥8g

塩‥‥小さじ1

昆布‥‥1g

赤とうがらし‥‥1本

作り方

1. うるいは先端の陰性な部分を数cm切り落とし、葉は幅1cmの斜め切りにし、茎は長さ3cmに切る。
2. 生姜は皮つきで薄くスライスし、赤とうがらしはヘタを除いて切り口から種を取り除く。
3. 1をボウルに入れて塩をふり、しっかりもむ。
4. 昆布をキッチンばさみで細く切って3に加え、2の生姜と赤とうがらしを加えて混ぜ、重石をする（別のボウルに水を張って重石にする）。1時間ほどしたらいただける。

うるいの白和え

豆腐、味噌、胡麻の和え衣が
舌にも体にも優しい

春の野草

材料（4人分）
うるい……70g
塩（アク抜き用）……**大さじ1**
にんじん……40g
塩（にんじん用）……**少々**
生わかめ※……5g

和え衣
> 木綿豆腐……**2/3丁**
> 洗い金胡麻……**大さじ1**
> 味噌（できれば三年米味噌）……**大さじ3**

※ 塩蔵わかめや乾燥わかめでも可。

作り方

1. うるいはP11～12の「野草のアク抜き法」を参照して下処理をする（塩ゆでして、水にさらす）。水にさらす時間は15分。
2. 和え衣を作る。豆腐はP87の「のびるの炒り豆腐」の作り方2を参照して水きりする。
3. にんじんは皮つきのまま縦半分に切ってから斜め薄切りにし、塩をふって水小さじ1（分量外）とともに小鍋（あれば片手の土鍋）に入れる。ふたに穴があれば木栓をして中火にかけ、鍋が温まったくらいで弱火にし、にんじんに火が通ったら器に取り出す。
4. 胡麻はP35の作り方2を参照して香ばしく煎り、すり鉢に入れて右回転で8割方する。味噌を加えてすり混ぜ、2の豆腐をくずし入れてさらにすり混ぜる。
5. 生わかめは芯を除き、洗って熱湯に入れ、色が変わったらザルにあげる。水洗いしてから、ザク切りにする。塩蔵わかめの場合は2回洗って塩を洗い流してから水に浸けてもどし、ゆでずにカットして使用。乾燥わかめやカットわかめは、水でもどしてからサッとゆでる（乾燥わかめはゆでる前にカット）。
6. 1のうるいをザルにあげて水きりし、水気をしぼって長さ1cmに切る。再度しぼってからほぐし、4のすり鉢に入れ、3のにんじん、5のわかめも加えて和える。

たけのこ

春の野草

陰性が強いので、陰性症状が出ている人は食べるのを控えること。特に授乳中は禁止！子どもや骨粗鬆症の人などはとりたい食品

たけのこはグングン伸びる上昇性のエネルギーをもつ極陰性の植物ですが、ケイ素や炭素を含み、海藻と一緒にとると体内にカルシウムイオンが増えるので、食べる量と調理法を注意したうえで、旬の時期には梅干しと取り合わせて食べてください。特に骨折した人や骨粗鬆症の人は、干したけのこ（P105）にして食べて症状の改善を促しましょう。

血管を拡張させるため、陰性症状のある人は控える必要があります。癌患者が食べると2～3日苦しむことがあり、肺結核の人が食べると吐血することも。冷え性の人や授乳中の人は厳禁です。

授乳中のお母さんがたけのこを食べると、母乳にアクのえぐみが出て赤ちゃんが飲まなくなり、乳腺炎になることも。母乳がまずいので、赤ちゃんが火がついたように泣き出し、乳首を噛まれることもあるでしょう。

たけのこの下処理

たけのこは、掘ってから時間がたつほどアクが強くなってえぐみが増すので、入手したらできるだけ早くゆでましょう。たくさんとれたときは、ゆでたものを薄切りにして天日で干し、「干したけのこ」にしてください。湯でもどして、つくだ煮や炊き込みごはんなどにするととてもおいしいです。

1. たけのこは洗って泥を落とし、皮つきのまま、先端から4〜5cmあたりに包丁を斜めに入れて切り落とす。
2. 切り口を上にしてまな板に置き、縦に切り込みを浅く入れる。
3. 大鍋にたけのこを入れ、かぶるくらいの水を入れる。
4. 米ぬか1と1/2カップ、赤とうがらし1〜2本を入れて強火にかけ、沸騰したら弱火にして30〜40分ゆでる。たけのこが浮いてしまうので、落としぶたをするとよい。
5. 太いところに竹串を刺してスッと通ったら火を止めて、そのまま冷ます。
6. 冷めたら水にとってよく洗い、切り込みから皮をむいて、必要な分を調理に使う。残りは左記のように干したけのこにするか、密閉容器に入れ、たけのこ全部が浸かるように水を張って冷蔵庫に。毎日水を替えて、3〜4日で使いきる。

たけのこの塩こしょう炒め

フライパンをよく熱し
しっかり炒めて陽性に

材料（作りやすい分量）
たけのこ（アク抜きしたもの）
　　…200g
胡麻油……大さじ1
塩（炒め始め用）……ひとつまみ
昆布茶……小さじ1/2
酒……大さじ1
塩（味つけ用）……小さじ1/2
醤油……小さじ1
こしょう……少々

作り方

1. P105の下処理をしてアク抜きしたたけのこは、陰性な先端部分は切り落として捨てる。縦長に薄くそぎ切りにする。
2. 厚手のフライパン（できれば鋳物製）を強火にかけて煙が立つくらいまで熱くし、胡麻油をひく。1を入れて塩（炒め始め用）をふり、右回転で炒める（たけのこは陰性が強いので、フライパンが熱くなる前に入れて炒めると、陰性な料理になってしまう）。

3. たけのこがきつね色になるまで、しっかりと陽性に炒めたら、昆布茶を全体にふりかけて混ぜる。
4. 酒を入れて右回転で混ぜ、アルコール臭さがなくなったら塩（味つけ用）、こしょうをふって混ぜ、醤油も加えて仕上げる。

春の野草

若竹汁

昆布だしとわかめだし
2種の醤油でうまみが増す

材料（作りやすい分量）
たけのこ（アク抜きしたもの）
　……70g
みつば……10g
塩蔵わかめ……40g
昆布だし（P19の作り方1）
　……5カップ
醤油……大さじ1
薄口醤油……大さじ7
塩……小さじ1

作り方
1. P105の下処理をしてアク抜きしたたけのこは、陰性な先端部分を切り落とし、厚さ5mmのいちょう切りにする。
2. 塩蔵わかめは2回洗って塩を洗い流してから水に浸けてもどし、長さ2cmに切る。みつばはザク切りにする。
3. 土鍋に昆布だしを沸かし、1のたけのこを入れ、再度沸いたら醤油と薄口醤油、塩を加える。
4. 3にわかめを入れ、煮立ったらみつばを入れて火を止める。

春の野ぶき

春の野草

細いふきをいっぱい摘んで
きゃらぶきを作りたい
ふき仕事は季節の大事な営み

　ふきは、ふきのとうやふきの葉と同様、魚の毒消しに働きます。魚をたくさん食べてきた人は、特においしく感じるでしょう。食物繊維が豊富なので、デトックスにもおススメで、便秘の改善にも役立ちます。

　細いふき（写真左）は、きゃらぶきにして常備菜にしましょう。これは筋をむかなくてよいので、たくさん作れます。ぜひ保存食に。太くなったふきはアクが強くなり、筋も気になるので、きゃらぶきには向きません。

　少しだけ太いふき（写真右）は、下味をつけて散らし寿司に混ぜ込んだり、巻き寿司の具にするといいでしょう。煮ものにはもっと太くなったふきが向いていますが、それは「初夏の野ぶき」の項（P124）で紹介します。

野ぶきの下処理

ふきは時期と用途によってアク抜きの方法が変わります。きゃらぶき以外の煮ものを作るとき、散らし寿司や巻き寿司の具にするときは、春のふきは下記のように塩で板ずりしてからゆで、水にさらしましょう。初夏や夏のふきについては、P124 をご覧ください。

1. ふきは葉を切り落とし、洗って水きりしたらまな板にのせてたっぷりの塩をまぶす。鍋のサイズに合わせてカットしてもよい。
2. 両手でふきをゴロゴロ転がすように動かして、板ずりする。
3. 底の広い鍋に湯を沸かし、2のふきを塩がついたまま入れてゆでる。5〜6分ゆでて爪を立ててみて、やっと入る程度になったらザルにあげて水にとり、水を替えてふきを浸ける。
4. ふきを1本ずつ取り出して皮をむくが、煮ものにするときは、ポキポキ折りながらむいていくとよい。やり方は、まず太いほうから皮をむき始め、4cm のところでふきを折る。
5. 折った部分を引っ張るようにして、さらに皮をむき、また4cm のところでふきを折る。
6. これを繰り返して下までいったら、全部皮をむいてきれいにする。
7. 皮をむいたふきはボウルの水に戻し、春や初夏のとれたてのふきなら10〜20分水に浸ける。とってから時間がたっているものや購入したふきはアクが強いので2時間〜2時間半浸ける。この間に2回水を替える。

春の野草

甘辛味

醤油味

きゃらぶき　醤油味、甘辛味
保存食は時間をかけて、陽性に煮込んでこそ価値がある

醤油味

材料（作りやすい分量）
野ぶき（5月末までの細いもの）
　……70本
塩（アク抜き用）……大さじ1
醤油……約大さじ6

甘辛味

材料（作りやすい分量）
野ぶき（5月末までの細いもの）……50本
塩（アク抜き用）……大さじ1
塩（乾炒り用）……ひとつまみ
酒……大さじ2
みりん……大さじ1
醤油……大さじ3
昆布だし（P19の作り方1）……大さじ1

作り方（醤油味）

1. ふきは葉を切り落として洗う。大きめの鍋に湯を沸かし、塩を入れて水気をきったふきを入れ、爪が入るまで5〜6分ゆでる。
2. ザルにあげ、水洗いして冷めたら新しい水に浸けてアク抜きする。とれたてのふきなら10〜20分、とってから時間がたっているものや購入したふきなら2時間〜2時間半浸け、この間に2回水を替える。
3. 2をザルにあげて水気をきったら、乾いたふきんでしっかり拭き取り、そろえて長さ2〜3cmにカットする（水気が残っていると、カビが生えやすくなるので注意）。
4. 温めた鍋（あれば土鍋）に醤油を多めに入れて沸かし、3のふきを入れて煮る（醤油はひたひたより少しだけ少なめの量がちょうどよい）。煮立ったらふたをして煮、ときどき混ぜながらとろ火で50分〜1時間煮て、火を止め、そのままおく。
5. 冷めたら煮汁ごと密閉容器に入れ、冷蔵庫で保存する。時折火を入れるとよいが、焦がさないように注意する。

作り方（甘辛味）

1. ふきは「きゃらぶき（醤油味）」の作り方1〜3を参照してアク抜きする。
2. 鍋（あれば土鍋）に水気を拭き取ったふきを入れて塩をふり、軽く乾炒りする。
3. 2に酒を入れて混ぜ、アルコール臭さがなくなったらみりんを入れ、みりんのアルコールが飛んだら醤油を入れる。ザッと混ぜて少し煮てから昆布だしを加え、煮立ったらとろ火にしてふたをし、コトコトじっくり煮る。ときどき混ぜながら、50分〜1時間煮る。酒やみりんが入っているので、3〜4日で食べきるように。

111

春の野草

ふきとたけのこの散らし寿司

手間がかかっても作りたい、みんなが喜ぶごちそうごはん

材料（作りやすい分量）

土鍋で炊いた三分づき米ごはん（P114）
　…750g

寿司酢
- みりん…大さじ2
- 酢…大さじ3
- 塩…小さじ1

野ぶき（アク抜きした太めのもの）…4本
- 塩（炒める用）…少々
- みりん…小さじ1
- 醤油…小さじ1
- 塩（仕上げ用）…少々

たけのこ（アク抜きした下のかたい部分）
　…76g
- 塩（炒める用）…少々
- みりん…小さじ1
- 醤油…小さじ1
- 塩（仕上げ用）…少々

せり（葉のみ）…20g
- 塩…大さじ1
- 昆布だし（P19の作り方1）
　…大さじ1
- 醤油…大さじ1

にんじん…45g

高野豆腐…1枚
- 昆布だし…80㎖
- みりん…小さじ1
- 醤油…小さじ1
- 塩（仕上げ用）…少々

洗い胡麻（白、金、黒のいずれか）
　…大さじ1

紅生姜…13g

板のり（全形）…1/2枚

作り方

1. P26の作り方2～3を参照して甘酢を作り、寿司酢にする。
2. ふきはP109を参照し、ゆでて長いまま皮をむき、アク抜きしてあるものから分量をとり、幅5mmの小口切りにする。
3. 鍋（あれば土鍋）を温めてふきを入れ、炒める用の塩をふって乾炒りし、みりんを入れて混ぜ、アルコール臭さがなくなったら醤油を入れ、右回転で混ぜて水分を飛ばしながら炒める。汁気がなくなったら仕上げの塩をふり、ひと混ぜして鍋から取り出す。

4. たけのこは P105 を参照してアク抜きしたものを用意するが、下の部分のかたいところだけを粗みじんにする。3 のふきと同様の作り方で、炒め煮にする。
5. せりは茎をカットして、葉だけを使用する。サッと塩ゆでし、水に 20 分さらしたあと細かく切り、昆布だしと醤油を合わせただし醤油に浸けておく。
6. にんじんは皮つきのまま粗みじんにする。
7. 高野豆腐はぬるま湯でもどし、両手で軽くしぼり、ボウルに張った水に入れ、両手で押して洗う。水を 2 〜 3 回替えながら同様に押し洗いし、白くならなくなったらしぼって粗みじんにする。
8. 鍋（あれば土鍋）に昆布だしを沸かし、煮立ったらみりんを加え、再度煮立ってアルコール臭さがなくなったら醤油を入れ、にんじんと高野豆腐を入れる。ふたをして弱火でゆっくり煮て、汁気がなくなったら塩をふって仕上げる。
9. 胡麻は P35 の作り方 2 を参照して香ばしく煎り、紅生姜は細切りにする。
10. 炊きたての三分づき米ごはんをぬらした飯台に入れ、1 の寿司酢を混ぜてうちわであおぎ、酢飯を冷ます。
11. 10 の酢飯に 3、4、5、8 の具と紅生姜を加えて、しゃもじで切るように混ぜ、器によそったら、胡麻をひねり胡麻（指先でひねった胡麻）にしてふり、サッとあぶって細切りにしたのりを散らして仕上げる。

三分づき米ごはん

材料（作りやすい分量）
三分づき米……540 ㎖（3 合）
塩……小さじ 1/2
水……720 ㎖（4 合）以上

作り方
1. 玄米を精米して分量の三分づき米にする。これを土鍋に入れて水を加え、30 分〜 1 時間浸水する（夏は短く、冬は長く）。
2. 炊く前に塩を加えてふたをして中火にかける。
3. 沸騰してきたら弱火にし、約 20 分炊く（途中蒸気が落ち着いたら、ふたの穴に木栓をする）。
4. ふたを開けてカニ穴を確認したら火を弱め、ホタル火（ホタル火にならない場合はガス火をやわらげるマットなどを使用）で 10 分炊き、火を止めて 10 分蒸らす。
5. しゃもじで天地返しをし、ごはんをほぐす。

あざみ

春の野草

高栄養でカルシウムが多く
いい骨、いい筋肉をつくる野草
柔らかい丸い葉を摘んで

　紫がかったピンク色の花で親しまれているあざみですが、葉も茎もおいしくいただける野草です。あざみの葉はギザギザしているのが特徴で、触ると針が刺さったような痛みを感じます。食べるのはそうなる前の丸くて柔らかい葉。摘むときは中くらいのものを摘んでください。調理の際は、塩ゆでして水に20分さらし、醤油洗いを20分します（P11〜13を参照）。

　あざみは骨や筋肉を丈夫にする野草なので、骨軟化症や骨粗鬆症、骨折をした人などは骨の回復が早くなることが期待できます。昔は脊椎カリエスの特効薬とされていて、患者に毎日少量食べさせていたら回復したと、子どもの頃に大人たちから聞いていました。

おススメ あざみ料理

本書に掲載している和えもの全般
天ぷら（P56）

初夏の野草

> 初夏の野草

からむし

織物で有名なからむしは
見た目からは想像できないほど
柔らかくておいしい野草

　からむしは食物繊維が豊富で、昔から織物にされてきました。縄文時代の遺跡からも、からむしでできた布がみつかっています。
　ヨーロッパでは、からむしの仲間が料理やお茶に使われてきましたが、日本では食べられることがほとんど知られておらず、草刈りの対象になっているのが残念です。食物繊維が豊富でデトックスにもおススメ。さらにカルシウムがほうれんそうの60倍近くある高栄養な野草なので、活用しない手はありません。
　アク抜きしたからむしを刻んでたたくとトロトロになり、独特のうまみがあるので、生姜やわさびなどの薬味と合わせると最高のごはんの友に！　草だんごや野草入り胡麻豆腐をよもぎの代わりにからむしで作ったり、料理の幅が広がります。

おススメ からむし料理

磯辺和え（P74）
わさび醤油和え（P75）　辛子和え（P99）
ゆずこしょう和え（P135）

初夏の野草

からむしの生姜醤油和え

野草は毒消しの薬味と相性抜群

材料（作りやすい分量）
からむし……80g

- 塩（アク抜き用）……大さじ1
- 割醤油（アク抜き用）……適量

生姜（すりおろしたもの）※……10g
醤油……大さじ1
薄口醤油……大さじ1と1/3

作り方

1. からむしはP11～13の「野草のアク抜き法」を参照して下処理をする（塩ゆでして水にさらし、醤油洗いまでする）。水にさらす時間と醤油洗いの時間はいずれも20分（ゆですぎるとドロドロになるため、葉脈に爪が入らないくらいの柔らかさでザルにあげる）。
2. 1をザルにあげ、よくしぼって長さ1cmに切り、さらにしぼってからほぐしてボウルに入れる。細かく切ってから包丁2本でたたいてトロトロにしてもおいしい。
3. おろし生姜と醤油2種を合わせ、からむしに加えて右回転で混ぜ合わせる。

塩きな粉

からむしだんご

甘辛だれ

初夏の野草

からむしだんご

独特のうまみとなめらかな食感が魅力
スープに落としてもおいしい

材料（30個分）

からむし……120g
塩（アク抜き用）……大さじ1
水……適量
地粉（国産小麦粉）……大さじ5
白玉粉……120g
葛粉……大さじ1
塩（生地の味つけ用）
　……小さじ1/2

甘辛だれ
　みりん……大さじ2
　醤油……大さじ1
　葛粉……小さじ1
　水……大さじ1
　塩……ひとつまみ

塩きな粉
　きな粉……20g
　焼き塩（P46の作り方3）
　　……小さじ1/2

作り方

1. からむしは茎からはずして葉だけにし、P11〜12の「野草のアク抜き法」を参照して下処理をする（塩ゆでして水にさらす）。水にさらす時間は20分。ゆですぎると溶けてしまうので注意。

2. 1をザルにあげ、水気をしぼって細かく刻み、包丁でたたいてから、すり鉢に入れてすりつぶす。

3. 2に水を入れ、地粉と白玉粉、葛粉、塩を加え、よく混ぜて5分こねる（こねるほど粘りが強くなる）。粉によって生地のかたさが変わるので、水の量を加減して、耳たぶのかたさになるようにする。

4. 生地を30等分して丸め、円盤形にして中央をくぼませる。

5. 湯を沸かして4を重ならないように入れていき、浮いてきたら1分ほどゆでる。

6. 手つきのザルでだんごをすくい、ボウルに張った水にとって粗熱をとり、ザルにあげる。

7. 甘辛だれを作る。P26の作り方2を参照して煮きりみりんを作り、醤油、塩、分量の水を加えて木べらで混ぜ、葛粉を同量の水（分量外）で溶いたものを加えて混ぜながら中火で煮る。透明になったらたれのできあがり。

8. 器にだんごの半量を盛って7の甘辛だれをかけ、残りの半量には焼き塩を混ぜたきな粉をまぶす。

からむし豆腐
作るのは大変だけど、ひと口食べて感動！

材料(30個分)

からむし※…110 g
　(ゆでてしぼったものなら1カップ)
塩(アク抜き用)…大さじ1
葛粉…130 g
昆布だし(P19の作り方1)
　…5と1/2カップ

白胡麻ペースト…大さじ3
塩…小さじ1
生姜(生わさびや練りわさびでも可)…適量
醤油…適量

※ ほかの野草に替えても可。

作り方

1. 鍋(あれば土鍋)に昆布だしと白胡麻ペーストを入れ、木べらで混ぜながら葛粉と塩を加え、胡麻ペーストと葛粉をしっかり溶かす。

2. からむしはP120の作り方1～2を参照し、アク抜きしてからペースト状になるまですりつぶす。

3. 1の土鍋を中火にかけ、木べらで混ぜながら煮る。鍋の側面についているものもへらで取りながら、根気よく練り込んでいく。沸いてきたら弱火にし、焦げないように常に練りながら1時間ほど加熱する。

4. 途中、40分くらいして透明になり始めたところで2のからむしを加える。木べらで切るようにからむしをつぶしてほぐしてから、さらに10分ほど練って仕上げる。ぷくぷくと気泡が出てきたら5分ほど練って生地を完成させる。

5. 水でぬらした型に4を流し入れる。ぬらしたゴムべらで、鍋や木べらについた生地をこそげ落とすとよい。

6. ぬらしたゴムべらで生地の表面をきれいに整えたら、水を張ったバットの上に浮かべて固める。バットの水は、ぬるくなったら交換する。

7. 固まったら、生地の上にもそっと水を少量注いで少し置いておく(型からはずしやすくなる)。

8. 型からはずし、カットして器に盛りつけたら、生姜を皮つきのまますりおろしてのせ、醤油をかける。

4

初夏の野ぶき

初夏の野草

陽性な苦味が心臓をケア
食物繊維が豊富で、高血圧予防にも
秋まで長く楽しめるのがうれしい！

　汗ばむ季節になるとふきも太くなり、食べごたえが出てきます。ふきだけで煮つけてもいいですが、油揚げと煮ると格別においしく、信田(しのだ)巻きにするとごちそうになります。

　ふきは9月まで食べられるので、魚の毒消しのためにも頻繁に食卓にあげたいもの。成長するごとにアクが強くなるので、アク抜きの方法を変えます。4～5月のふきは、塩ゆで後水に10～20分さらします（P109）。6～7月のふきは米ぬかと塩でゆで、同じくらい水にさらします（いずれも、とれたてのふきの場合。時間がたったものは水にさらす時間を長く）。8月になるとさらにアクが強くなるので、くぬぎの灰を入れてアク抜きし、42時間以上水にさらすこと（寒冷地は時期がズレます）。

おススメ 野ぶき料理

胡麻味噌和え（すり胡麻と胡麻ペースト、味噌、
昆布だしを合わせ、アク抜きしたふきを和える）
信田巻き

> 初夏の野草

ふきと油揚げの煮もの
油揚げの甘味でふきの苦味をゆるやかに

材料（作りやすい分量）
野ぶき（太いもの）……13本
塩（アク抜き用）……大さじ1
油揚げ……2枚
塩（炒め始め用）……少々
昆布だし（P19の作り方1）
　……1/2カップ
胡麻油……大さじ1
酒……大さじ2
みりん……大さじ2
薄口醤油……大さじ1
醤油……大さじ2
塩（仕上げ用）……少々

作り方

1. ふきはP109の「野ぶきの下処理」を参照してアク抜きし、長さ4cmで折りながら皮をむいて、水にさらす。
2. 小鍋に熱湯を沸かして油揚げを入れ、1～2分ゆでて油抜きする。横半分に切って重ね、ふきと同じくらいの太さの短冊切りに。
3. 鍋（あれば炒められる土鍋）を熱して胡麻油をひき、油揚げを入れてサッと炒める。1のふきを入れ、塩をふって5分ほど右回転で炒める。
4. 3に昆布だしを加え、煮立ったら中央を空け、酒を入れて混ぜ、アルコール臭さがなくなったら同様にみりんを入れて混ぜる。
5. みりんのアルコールが飛んだら、薄口醤油と醤油を順に入れ、混ぜてから弱火にして15～20分煮る。
6. 汁気がなくなったら塩（仕上げ用）をふり、軽く混ぜて火を止める。

> 初夏の野草

葛の葉

厄介者扱いの葛が、実は食べられる！
葉も芽も若いものを摘んで
和えもの、揚げもの、炒めものに

　葛湯や葛練りを作るのに使う葛粉が、葛の根からできていることは知られていますが、その柔らかい葉や芽が食べられることはまったくといっていいほど周知されていません。

　若くて柔らかい葉だけを摘んで、塩ゆで、水にさらす、醤油洗いの3段階のアク抜きをすれば和えものに。炒めものなら醤油洗いは不要。濃い緑色で厚みのある葉はゴワゴワして食べられません。

　つるの先端の葛の芽もうまみがあり、天ぷらに最高！　お酒のつまみにもなります。揚げた葛の根を野菜と炒めるのもおススメです。

葛の芽

おススメ 葛の葉料理

本書に掲載の和えもの全般
天ぷら（P56）　チヂミ（P182・アク抜きした葛の葉と玉ねぎ、にんじんで）

葛の葉のピロシキ

サクサクの皮と、野草と野菜のうま味が口の中に広がる

材料（10個分）

葛の葉……10g

- 塩（アク抜き用）
    ……大さじ1
- 割醤油（アク抜き用）
    ……適量

春雨……8g
干ししいたけ……2個
きくらげ……2g

にんじん……70g
玉ねぎ……150g
胡麻油……大さじ1
菜種油……大さじ1
酒……大さじ2
薄口醤油……大さじ1
塩（味つけ用）
　……ふたつまみ
こしょう……少々

葛粉……大さじ1
水……大さじ2

生地
- 地粉（国産小麦粉）……250g
- 塩……小さじ2/3
- 水……1/2カップ強
- 菜種油……大さじ1強

＊市販の餃子の皮や春巻きの皮を使って、手軽に作るのもおススメ。

作り方

1. 葛の葉はP11〜12の「野草のアク抜き法」を参照して下処理をする（塩ゆでして水にさらす）。水にさらす時間は20分。
2. 生地を作る。ボウルに地粉と塩、菜種油を入れて手で混ぜ、水を加えてこねていくが、耳たぶくらいの柔らかさになるよう調整する（粉によって水分量が変わる）。生地が手につかなくなるまでこねたら、ぬれぶきんをかけて30分以上ねかす。
3. 干ししいたけはP61の作り方2を参照してもどし、きくらげはぬるま湯に浸けてもどす。それぞれ石づきを落としてみじん切りにする。春雨はゆでてもどして長さ5mmに切る。
4. 玉ねぎとにんじんは、粗みじんにする。
5. 1の葛の葉をザルにあげて水気をしぼり、みじん切りにしたら再度しぼってほぐす。
6. 葛粉は倍量の水で溶く。
7. 厚手のフライパン（できれば鋳物製）を熱して胡麻油をひき、玉ねぎを入れて塩少々（分量外）をふり、透き通るくらいまで中火で炒める。しいたけ、きくらげ、にんじん、春雨、葛の葉を順に加えて炒めるが、新しい食材を入れるたびに塩少々（分量外）をふってから炒め合わせる。その際、にんじんは陽性なので、塩は加えない。
8. 全体に火が通ったら中央を空け、酒を入れて煮立て、ザッと混ぜたら再び中央を空けて薄口醤油を入れて混ぜる。塩、こしょうで味つけし、最後に6の水溶き葛粉をしっかりかき混ぜてから回し入れ、右回転で混ぜながら炒めて具を仕上げる。
9. 2の生地を棒状にし、10等分してピンポン玉大に丸める。まな板の上に地粉（分量外）をふり、生地を置いてめん棒で丸くのばす。
10. のばした皮に具を等分にしてのせ、二つ折りにする。端をフォークの背で押さえて跡をつけ、生地を閉じる。
11. フライパンを熱して菜種油をひき、10を並べて弱めの中火でじっくりと焼く。極力触らないようにし、縁が黄色くなってきたら裏返し、焼き色がつくまで焼く。

いのこづち

> 初夏の野草

畑や庭にたくさん生えていて
アクも少なくて食べやすいので
日々のおかずに手軽に使える

　いのこづちは秋になると実が鈴なりについて、衣服にべったりつく厄介者ですが、漢方では「牛膝(ごしつ)」といって、茎や節がゴツゴツしているためにひざや体のふしぶしの痛みに薬効があるといわれています。

　いのこづちの葉は十字を重ねるように生え、赤茶色い縁取りがあるのが特徴。場所によって緑の濃いものと薄いものがありますが、前述の特徴があれば大丈夫です。

　先端の柔らかい葉だけでなく、大きな下の葉も、柔らかくてみずみずしければ使えます。秋にとれる穂つきのいのこづちも、ぜひ天ぷらに（P168）。

　種がつく頃に根ごと掘り、よく洗って1日天日で干し、35度の焼酎に漬けて3年おけば薬草酒にも！

おススメ いのこづち料理

本書に掲載の和えもの全般
天ぷら（P56）
炒めもの、汁もの

材料（作りやすい分量）
いのこづち‥‥90g
塩（アク抜き用）‥‥大さじ1
胡麻油‥‥大さじ1
生姜‥‥30g
酒‥‥大さじ2
醤油‥‥大さじ1
薄口醤油‥‥大さじ1
塩（仕上げ用）‥‥少々

いのこづちと生姜の醤油炒め
若葉のうちにせっせと食べたい

作り方

1. いのこづちはP11～12の「野草のアク抜き法」を参照して下処理をする（塩ゆでして水にさらす）。水にさらす時間は10～20分。
2. 1をザルにあげて水気をしぼり、長さ1cmに切ったら再度しぼってほぐす（切り方はP13の「野草の切り方」を参照）。
3. 生姜は皮つきのまません切りにする。
4. 厚手のフライパン（できれば鋳物製）を熱して胡麻油をひき、生姜を入れて塩少々（分量外）をふり、しっかりと炒める。
5. いのこづちを入れ、同様に塩少々（分量外）をふり、サッと炒める。
6. 中央を空けて酒を入れ、弱火で煮きって混ぜる。再度中央を空け、醤油を入れて混ぜたら、再び中央を空けて薄口醤油を入れる。火を強めて混ぜる。味見して仕上げの塩をふり入れ、混ぜてから火を止める（味が締まる）。

初夏の野草

つゆくさ

柔らかい茎を摘むのも楽しい!
ゆでるとぬめりが出て、
とろっとする食感も魅力です

　初夏から秋にかけて鮮やかなコバルトブルーの花を咲かせるつゆくさですが、食用になる新芽や若葉を摘んで、生のまま炒めるもよし、アク抜きして和えて食べるもよしです。初夏の野草のわりにアクが少なくくせもないので、柔らかいときに摘んでアク抜きすれば、いろいろな和えものを楽しめます。独特の歯ごたえとぬめりを、ぜひ味わってください。

　花がつくと葉がかたくなるので、食べるのはやめましょう。その頃には根っこごと掘ってよく洗い、乾燥させて、腎臓によく働くつゆくさ茶を作りましょう(P171)。

　腹水がたまったときは、煎じたつゆくさ茶で利尿を促し、おなかにたまった水毒を排出させます。

おススメ つゆくさ料理

磯辺和え(P74)
酢味噌和え(P85)

133

材料（作りやすい分量）
つゆくさ……90g

塩（アク抜き用）……大さじ1
割醤油（アク抜き用）……適量

葛きり（または春雨）……20g

辛子三杯酢
酢……大さじ2
みりん……大さじ2
薄口醤油……大さじ1
粉辛子※……小さじ2
ぬるま湯……小さじ1

※練り辛子でも可。

つゆくさと葛きりの辛子三杯酢和え
甘酸っぱい味つけで
さっぱりといただく

作り方

1. つゆくさはP11〜13の「野草のアク抜き法」を参照して下処理をする（塩ゆでして水にさらし、醤油洗いまでする）。水にさらす時間と醤油洗いの時間はいずれも20分。
2. 1をザルにあげて水気をしぼり、長さ1cmに切ったら再度しぼってほぐす（切り方はP13の「野草の切り方」を参照）。
3. 葛きりは熱湯で約7分ゆでてもどし、長さ5cmほどに切ってから、水気をきる。
4. P26の作り方2〜3を参照して甘酢を作り（塩は入れない）、そこに薄口醤油を加える。
5. P47の作り方3を参照して粉辛子を溶き、4に加えて混ぜ、2のつゆくさと3の葛きりを加えて和える。

つゆくさと春雨の ゆずこしょう和え

上品な香りを楽しむ
おしゃれ感覚の野草料理

材料（作りやすい分量）

つゆくさ……90g

- 塩（アク抜き用）……大さじ1
- 割醤油（アク抜き用）……適量

春雨……10g
醤油……大さじ1
薄口醤油……大さじ1
ゆずこしょう……小さじ1

作り方

1. つゆくさはP11〜13の「野草のアク抜き法」を参照して下処理をする（塩ゆでして水にさらし、醤油洗いまでする）。水にさらす時間と醤油洗いの時間はいずれも20分。
2. 1をザルにあげて水気をしぼり、長さ1cmに切ったら再度しぼってほぐす（切り方はP13の「野草の切り方」を参照）。
3. 春雨はゆでてもどして長さ2cmに切る。
4. ボウルにゆずこしょうと醤油2種を入れて混ぜ、2のつゆくさと3の春雨を入れ、手で和える。

みずひきそう

初夏の野草

秋に水引のような花をみつけたら
場所を覚えておきたい
ゆでると変色するのもおもしろい

紅白の小さな花が細長い茎に点々と連なって、まるで水引のように見えることから、みずひきそうと名づけられています。晩春から初夏にかけて、柔らかい葉を食べることができますが、あまり知られていません。

みずひきそうの葉には、V字の模様が出ているものと出ていないものがあります。模様があると見分けやすいのですが、模様のない葉だけで見ると、いのこづちの葉とよく似ています。いのこづちは十字を重ねたように葉が生えていますが、みずひきそうは1枚ずつ交互に茎から出ており、頭に小さなチップのような葉がついているのが特徴です。

ゆでてみると、緑色の葉が一瞬で黄土色になります。アク抜きして、和えものや汁ものに使えます。

おススメ みずひきそう料理

天ぷら（P56）
磯辺和え（P74）

初夏の野草天丼

カリッと薄く揚げ、甘辛いたれをたっぷりつけて

材料（5人分）

つゆくさ、いのこづち
　みずひきそう…… 各10枚
菜種油…… 適量

天ぷら衣
　地粉（国産小麦粉）…… 大さじ4
　水…… 大さじ6
　塩…… 小さじ1/3

地粉（ポリ袋に入れる用）…… 適量

天丼のたれ
　みりん…… 大さじ3
　酒…… 大さじ3
　醤油…… 大さじ2と1/3
　水…… 大さじ2
　塩…… 少々

土鍋で炊いた
　三分づき米ごはん（P114）
　…… 750g

作り方

1. P56の「春の野草天ぷら」の作り方1〜7を参照して天ぷらを作る。
2. たれを作る。小鍋（あれば片手の土鍋）に酒を入れて鍋をグルっと回し、煮立ってアルコール臭さがなくなったらみりんを加えて同様にする。みりんのアルコールが飛んだら、醤油を入れて再び鍋を回し、さらに煮立たせる。
3. 2に水を加え、煮立ったら塩をふって混ぜ、味見してよければ火を止める。
4. P114を参照して三分づき米ごはんを炊き、丼によそう。1の天ぷらを3のたれにくぐらせてからごはんにのせ、上からもたれをかける。

左から時計まわりに、みずひきそう、つゆくさ、いのこづち

桑の葉

初夏の野草

効能があれこれ話題の野草
生葉を食べるのはやめて、しっかりアク抜きを

桑の実は食べても、葉っぱを食べようとは誰も思わなかったのですが、この葉だけを食べるお蚕さんがとてつもない長さの絹糸を出すのだから、きっと食べられるだろうと思ってゆでてみたのが始まりです。黄緑色の若い葉はアクが少なくてとてもおいしく、元気が出る野草だということがわかりました。

よもぎの若葉が終わったら、出始めの桑の葉で草餅や胡麻豆腐も作れます。摘むときは必ず若草色の柔らかい葉（下の写真左）を摘んでください。濃い緑色の大きな葉（下の写真右）は、アクが強くなっているので避けましょう。

最近は桑の葉の健康効果が話題になっていて、生の葉を使ったサラダやスムージーなどのジュースを勧めている人もいますが、これは体が冷えて陰性になってしまう食べ方なので、絶対にやめてください。

おススメ 桑の葉料理

本書に掲載の料理全般
天ぷら（P56）
野草天丼（P137）

桑の葉のロールキャベツ

初夏の野草

桑の葉のロールキャベツ

野草と野菜、乾燥きのこで具だくさんにしてコトコト煮る

材料（8個分）

桑の葉……50g
塩（アク抜き用）……大さじ1
キャベツ（具用）……3枚
キャベツ（包む用）……8枚
玉ねぎ……小1個（130g）
にんじん……70g
干ししいたけ……4個
きくらげ……2g
しらたき（または糸こんにゃく）……1袋
塩（しらたきのアク抜き用）……大さじ1
塩（しらたきをゆでる用）……大さじ1/2
胡麻油……大さじ1
醤油……大さじ2
薄口醤油……大さじ2
酒……大さじ3
塩（味つけ用）……小さじ2/5
スパゲティ（キャベツを留める用）……2本
葛粉……大さじ1
水……大さじ1

煮込み用スープ
　昆布だし（P19の作り方1）……2カップ
　酒……大さじ3
　みりん……大さじ2
　薄口醤油……大さじ2

作り方

1. 桑の葉は、P11〜12の「野草のアク抜き法」を参照して下処理をする（塩ゆでして水にさらす）。炒めるため、固ゆでに。水にさらす時間は10〜20分。
2. 1をザルにあげて水気をしぼり、長さ1cmに切り、再度しぼってほぐす（切り方はP13の「野草の切り方」を参照）。
3. 包む用のキャベツは包みやすいように、包丁を寝かしてして芯の部分を削ぎ落とす（削いだものは、具に使用する）。
4. 3のキャベツは蒸し器で蒸すか、塩小さじ1（分量外）を入れた熱湯でゆでる。いずれも、しんなりしたら盆ザルなどに引き上げて広げ、冷ます。
5. 玉ねぎは縦半分に切り、厚さ1mmで乱切りのようにスライスする。にんじんは幅1mmの細切りにする。具用のキャベツは3で削いだ芯も加えて幅1mmの細切りにする。

6. 干ししいたけは、水と一緒に小鍋（あれば片手の土鍋）に入れてふたをしないで中火にかけ、沸騰したまま火を弱めずに煮飛ばし、柔らかくもどしてから幅1mmの薄切りにする。きくらげはぬるま湯でもどして幅0.5～1mmの細切りに。

7. しらたきは塩（アク抜き用）をふりかけて混ぜ、10分ほどおく。洗って、塩（ゆでる用）を加えた熱湯に入れて3分ゆで、冷めたら粗みじんに切る。

8. 厚手のフライパン（できれば鋳物製）を熱して胡麻油をひき、玉ねぎを入れて塩少々（分量外）をふり、菜箸で混ぜながら炒める。

9. 玉ねぎが透き通るまで炒めたら、もどしたしいたけ、きくらげ、しらたきを順に加えてよく炒め、キャベツ、にんじん、桑の葉も順に加える。炒めるときは、食材を加えるたびに指2本でつまんだ塩（分量外）をふるが、しらたきは陰性なので指3本でつまんだ塩を加える。

10. 具材に火が通ったら鍋の端に寄せて中央を空け、酒を入れてアルコール臭さがなくなったら混ぜる。再び真ん中を空けて2種の醤油を順に加え、混ぜてなじませる。

11. 葛粉を同量の水で溶いたものを具の上に回し入れ、手早く木べらで混ぜる。透き通ったら塩（味つけ用）をふって混ぜて火を止め、粗熱をとる。

12. 4のキャベツを広げ、11の具を等分にのせて包み、1本を4等分したスパゲティ（またはつまようじ）で巻き終わりを留める。

13. 煮込み用スープを作る。鍋（あれば土鍋）に昆布だしを入れて温め、煮立ったら酒を加え、再度沸いてアルコール臭さがなくなったら、みりんを加える。みりんのアルコールが飛んだら、薄口醤油を入れて煮立たせる。

14. 13の鍋に12を並べて入れ、落としぶたをして煮、沸騰したら弱火にしてコトコト煮込む。途中返してロールキャベツ全体にスープをしみ込ませ、仕上げに塩少々（分量外）をふって混ぜる。煮る時間は15～20分。

初夏の野草

桑の葉のナムル風
お蚕さんの主食を
副食にして元気をもらおう

材料（作りやすい分量）
桑の葉…70g

| 塩（アク抜き用）…**大さじ1**
| 割醤油（アク抜き用）…**適量**

洗い白胡麻…**大さじ1と1/2**
薄口醤油…**大さじ1**
胡麻油…**小さじ1**
塩（味つけ用）…**少々**

作り方

1. 桑の葉は、P11〜13の「野草のアク抜き法」を参照して下処理をする（塩ゆでして水にさらし、醤油洗いまでする）。水にさらす時間と醤油洗いの時間はいずれも20分。
2. 1をザルにあげて水気をしぼり、長さ1cmに切り、再度しぼってほぐす（切り方はP13「野草の切り方」を参照）。
3. 胡麻はP35の作り方2を参照して香ばしく煎り、すり鉢で半ずり程度にすり、粒が残るようにする。
4. 2を3のすり鉢に入れ、胡麻油を加えて混ぜたあと、薄口醤油と塩（味つけ用）を加えてよく和える。

食用に向かない野草

　一般的に食べられる野草とされているもののなかには、食養的には食べるのに適さない野草が多く見られます。アクが強すぎて、アク抜きをしても体にこたえるものや、シュウ酸が多く含まれる野草は避けるようにしましょう（シュウ酸は尿路結石の原因となります）。

　わらびやぜんまい、たらの芽といった山菜も、野生動物が食べないほど強いアクをもっているので、気をつけたいもの。疲れ知らずで元気な陽性体質の人が、昔ながらの灰を使ったアク抜き法で、少量食べる程度にとどめておくのが安全だと思います。

■ どくだみ

　葉の色が紫で（色の陰陽でいうと紫は極陰性）、匂いも猛烈に強いどくだみは、極陰性の野草。天ぷらで食べるのも危険です。また、お茶にするのは肉食過多の極陽性以外の人は控えたいです。元気な人でも飲みすぎると貧血に。食養では、魚の目、イボ、タコなどの手当てで使用。昔から毒を吸い出すすぐれものとされてきましたが、食用には向きません。

■ すいば、ぎしぎし

　畑や河原、野原などに生えているとてもよく似た野草で、どちらも食べる人が多いのですが、シュウ酸を多く含む野草です。結石のある人は特に注意を。

■ すぎな

　つくしと地下でつながっているすぎなですが、すぎなのほうが陰性で、シュウ酸も含まれているため、食用には向きません。すぎな茶も、飲んで貧血になった人が大勢います。すぎなのふりかけも要注意です。

■ あしたば

　名前の由来の通り、朝に摘むと翌朝同じところに葉が出てくるくらい成長が速く、非常に陰性が強い野草です。暑い環境で育つので、その土地の陽性の人の夏場の食用には向きますが、陰性の人は要注意。

どくだみ

ぎしぎし

すぎな

あしたば

みょうがの茎

初夏の野草

魚をたくさん食べてきた人にはたまらない
株を抜くのも楽しい！

みょうががふくらむ前に、地中で白く伸びた茎を食べることができます。日陰の斜面などで、土がふかふかな場所に群生しているみょうがを引き抜いてみてください。長かったり短かったりはしますが、白い部分は食べることができます。かたい土に生えているみょうがは、根の上がすぐ緑色で、かたいので食べられません（写真左）。

薄く切って塩でアク抜きしてから味噌か醤油で和えますが、どちらもごはんが進む！ 進む！ 魚の毒消しになるので、日本人は努めていただきたいものです。

みょうがの茎の醤油和え、味噌和え

出会ったことのないおいしさ！　魚の毒消しにも

醤油和え

材料（作りやすい分量）

みょうがの茎……30g
塩……小さじ1弱
醤油……大さじ1

味噌和え

材料（作りやすい分量）

みょうがの茎……30g
塩……小さじ1弱
味噌（できれば三年米味噌）……55g

作り方（醤油和え）

1. みょうがは根っこから引き抜き、根元の白い部分だけを使う。
2. 1を薄い小口切りにし、塩をふってもみ、10分ほどおく。
3. みょうがから水分が出てきたら、水洗いしてから水気をよくしぼる（アクが抜ける）。
4. 3に醤油を加え、右回転で混ぜる。

作り方（味噌和え）

1. 「醤油和え」の作り方1〜3と同様に作る。
2. 1に味噌を加えて和える。

> 初夏の野草

野生のにら

身近な場所に生えていたら
いろいろ使えて重宝！
摘んでも摘んでもすぐに出てくる

　野生のにらは元は野菜なのですが、販売されているにらと比べると細くて陽性で、味も香りも力強いです。にらは卵の毒消しとして働きますが、市販のにらより野生のほうがずっと効能があるので、ぜひ自宅に移植を。プランターでも育ちます。

　にらとわからずに草刈り機で刈られることがありますが、秋に白い花をつけるので、場所をチェックしておくといいでしょう。うれしいことに、花が終わって種を落としてからも、かなり長く摘めます。

　摘むときは、水仙や毒草のはなにらと間違えないよう、にらの匂いがするかどうか確認してください。

にら醤油

食欲をそそる胡麻油の香り、コクでごはんのおかわりが止まらない

材料（作りやすい分量）
にら…200g
醤油…大さじ3強
薄口醤油…大さじ1強
胡麻油…大さじ2
七味とうがらし（好みで）
　…適量

作り方

1. にらは洗ってザルにあげ、水きりしたら大きめのふきんで包み、にらを押さえるようにして水気を取る。にらの束を開いて、内側の水分もしっかりと拭き取る。水分が残っていると、いたみやすいので注意。

2. まな板ににらを移し、根元から幅7mmに切るが、陰性な先端は5cmほど切り落として捨てる。
3. ガラスびんなどに2のにらを入れ、胡麻油を入れて混ぜ、にらを油でコーティングする。
4. 3に醤油と薄口醤油、好みで七味とうがらしを入れて混ぜ、にらがしんなりするまでおく。

＊調味料がにらになじんだら食べられるが、よりなじんだほうがおいしいため、翌日以降がおススメ。
＊密閉しておけば、冷蔵庫で2～3日保存可能。
＊ボウルに入れて、手でつかんでは離すのを繰り返すと、より陽性な料理になる。

> 初夏の野草

山椒の実

日本料理の引き立て役として
欠かせない山椒
実は魚の毒消しにもなる

　山椒は5月に出る若葉(木の芽・葉山椒)から始まって、5〜6月の花山椒、その後の実山椒(山椒の実)、秋に実がはじけてとれる皮(粉山椒の原料)と、季節がめぐるごとに形を変えて、日本の食にさわやかな刺激を与えてくれます。いずれも魚の毒消しに働くすぐれものです。

　葉山椒は木の芽和えやつくだ煮に、花山椒もやはりつくだ煮に。青い実山椒は、昔から「山椒は小粒でもピリリと辛い」といわれ、こちらもつくだ煮にされてきました。また、昔の人は実山椒をぬか床に入れたり、臭みの強い魚を煮るときにも使ってきました。

　一粒一粒実をはずす作業は大変ですが、旬のときにしか作れないので、がんばってつくだ煮にして保存してください。

山椒の実のつくだ煮

市販のつくだ煮とは別物！
気持ちのいい辛さ

材料（作りやすい分量）

山椒の実……300g
塩（アク抜き用）……**大さじ1**
醤油……**1カップ**
薄口醤油……**1/2カップ**
塩（仕上げ用）……**ひとつまみ**

作り方

1. 山椒の実は茎からすべて外して実だけの状態にし、洗って水きりする。
2. 湯をたっぷり沸かして塩を加え、1の山椒の実を入れ、沸騰したら中火にして5分ゆでる。
3. 2をザルにあげて水にとり、水を替えて30分以上さらすが、15分たったくらいで一度水を替える（ボウルとザルを重ねて水にさらすとよい）。ピリピリするのが苦手な人は、水を替えながら2〜3日水にさらすとよい。
4. 3をザルにあげて水きりし、ふきんで水気をしっかりと拭く。水分が残っているといたみやすい。
5. 鍋（あれば土鍋）に醤油を入れて火にかけ、しっかりと沸いたら薄口醤油を加える。再度沸かして煮醤油を作ったら、山椒の実を入れる。中火で30〜40分煮るが、ときどき木べらで天地返しをしながら煮る（後半は弱火でじっくり）。
6. 煮汁が残っている状態で塩を入れ、ひと混ぜして一旦火を止める。冷めたら密閉容器に入れ、実を煮汁にひたして保存する。

＊たまに火入れすることで、冷蔵庫で1年以上保存可能。1年すると辛味が抜けてピリピリ感がやわらぐ。
＊1年に一度、醤油を加えて火入れすると、もう1年保存できる。

夏の野草

> 夏の野草

ほしのしずく

若い葉は最高においしく、開花後の花の下に
集まって生えている葉もまたおいしく食べられる
摘んでもすぐに出てくる重宝な野草

　小さなピンク色の花が愛らしいほしのしずくですが、蕾(つぼみ)が弾(はじ)けるように開くことから、はぜらんという和名がついていて、午後3時頃に開花することから三時草や三時花とも呼ばれています。

　葉は肉厚でつやがあり、ゆでるとぬめりがあります。若い葉は柔らかく、花や実をつける頃には多少かたくなりますが、十分おいしくいただけます。成長してもアクが強くならないため、長い期間摘める野草ではありますが、肌寒くなってきたら野草は体を冷やすので、食べるのを控えましょう。

　まこもたけ（P175）の出始めの頃もまだほしのしずくは食べられるので、アク抜きしたほしのしずくと、湯がいたまこもたけを酢味噌和えや生姜醤油和えに！

おススメ ほしのしずく料理

本書に掲載の和えもの全般
汁もの

151

材料（作りやすい分量）

ほしのしずく……150g

塩（アク抜き用）……大さじ1
割醤油（アク抜き用）……適量

車麩……1個

酢味噌

洗い金胡麻（または白胡麻）
……大さじ2
味噌（できれば三年米味噌）
……大さじ1
酢……大さじ2
みりん……大さじ2

ほしのしずくと車麩の酢味噌和え

植物性たんぱく質との取り合わせで
食べごたえのある和えもの

作り方

1. ほしのしずくはP11〜13の「野草のアク抜き法」を参照して下処理をする（塩ゆでして水にさらし、醤油洗いまでする）。水にさらす時間と醤油洗いの時間はいずれも10分。
2. 車麩は湯に浸けて、もどしておく。
3. P85の作り方3〜5を参照して、すり鉢で酢味噌を作る。
4. 2の車麩の水気をしぼり、1cm大の乱切りにする。
5. 1のほしのしずくをザルにあげて水気をしぼり、長さ1cmに切って再度しぼってほぐす（切り方はP13の「野草の切り方」を参照）。
6. 3のすり鉢に5を入れ、車麩を加えて和える。

いぬびゆ

夏の野草

天候不順で作物がとれなくても
影響を受けることなく
人々を救うたくましい野草

田舎に行くと、作物を作っていない畑に群生するいぬびゆを見かけることがありますが、作物が不作のときでも豊富に摘むことができるので、「かてもの（飢饉の際に食料になるもの）」として、つくしやあかざ、葛の葉などとともに江戸時代の書物に名を連ねています。

夏の日差しを浴びるとアクが強くなる野草が多いのですが、いぬびゆは暑い時期でもアクが少なく、くせのない味で食べやすいので、さまざまな料理に気軽に使えます。

葉先が浅いV字形にへこんでいるのがいぬびゆの葉の特徴なので、すぐにみつけられるでしょう。若い葉だけでなく、少し大きくなっても食べられ、下のほうでも柔らかい葉が摘めます。

実をつけたら、P167と同じようにつくだ煮にしましょう。

おススメ いぬびゆ料理

本書に掲載の和えもの全般
天ぷら（P56）
炒めもの、汁もの

153

いぬびゆ入り そうめんチャンプルー

少しでも野草が入ると、
パワフルな味わいに

材料（作りやすい分量）

いぬびゆ‥‥30g

塩（アク抜き用）‥‥大さじ1

そうめん‥‥2束

玉ねぎ‥‥小1個（140g）

にんじん‥‥45g

作り方

1. いぬびゆは P11〜12 の「野草のアク抜き法」を参照して下処理をする（塩ゆでして水にさらす）。水にさらす時間は 20 分。
2. 豆腐は P87 の作り方 2 を参照して水きりし、手で食べやすい大きさにほぐす。
3. 干ししいたけは P61 の作り方 2 を参照してもどし、きくらげは水に浸けてもどし、いずれも石づきを落として細切りにする。
4. 玉ねぎは縦半分に切り、厚さ 1mm の回し切りにする（縦半分に切ってから、まな板に立てて置き、放射状にくし形に切っていく）。
5. にんじんは厚さ 2mm で斜めにスライスしてから細切りにする。ねぎは 3mm の斜め切りにし、にらは先端 5cm を切り落として、長さ 1.5cm のザク切りにする。
6. 生姜とにんにくはみじん切りにする。
7. 1 のいぬびゆをザルにあげて水気をしぼり、長さ 1cm に切って再度しぼってほぐす（切り方は P13 の「野草の切り方」を参照）。
8. そうめんはかためにゆでて、流水で洗って水きりする。
8. 中華鍋を熱して胡麻油をひき、生姜とにんにくを入れ、塩少々（分量外）をふって混ぜて炒める。
10. 9 に玉ねぎを入れ、塩少々（分量外）をふって炒める。しいたけ、きくらげ、豆腐、にんじん、ねぎ、にら、7 のいぬびゆを順に加えて炒めるが、食材を加えるたびに塩少々（分量外）をふって混ぜて炒めること。ただし、にんじんは陽性なので、塩をふらない。
11. 野菜に火が通ったら中央を空けて酒を入れ、手早く混ぜて炒め、アルコール臭さがなくなったらみりんを同様にして加える。醤油 2 種も同様にして加え、8 のそうめんを加えて、強火で水分を飛ばしながら炒める。
12. 味見して、仕上げの塩をふり入れて軽く炒める。

木綿豆腐‥‥200g
干ししいたけ‥‥3個
きくらげ‥‥2g
にら‥‥20g
ねぎ‥‥35g

生姜‥‥15g
にんにく‥‥3かけ
酒‥‥大さじ3
胡麻油‥‥大さじ1と1/2
みりん‥‥大さじ1

薄口醤油‥‥大さじ2
醤油‥‥大さじ2
塩（仕上げ用）‥‥少々

野かんぞうの蕾

夏の野草

夏に色づいたオレンジの蕾(つぼみ)を摘むのが楽しい
そして、びっくりするほどおいしい！

葉や根元を食べる野かんぞうですが（P70）、花が咲く前の蕾もぜひ食べてみてください。シンプルな塩こしょう炒めのおいしさは感動ものです！

花は植物の一番上に存在しているので、極陰性です（陰は上昇するエネルギーのため）。最近はエディブルフラワーといって生の花を食べるのが流行って(はや)いますが、動物性食品過多の人が好む食べ方です。花を食べれば体が冷え、血液が薄まり、内臓も血管もゆるむので、花をサラダで食べたりするのは、とても危険です。野草を生で食べるのも同様。

蕾は花ほど陰性ではありませんが、食物全体からみれば陰性。多食すれば下痢をするので、少量で楽しんでください。

おススメ 野かんぞうの蕾料理

酢のもの、和えもの、すまし汁
（いずれも塩ゆで後、水に20分さらしてから使用）

野かんぞうの蕾の塩こしょう炒め
驚きのおいしさ！　蕾をみつけるのが毎年の楽しみ

材料（作りやすい分量）

野かんぞうの蕾
（花開く前のふっくらした
大きめのもの）…13g

菜種油…小さじ1

塩…ひとつまみ

こしょう…少々

作り方

1. 厚手のフライパン（あれば鋳物製）を熱して菜種油をひき、野かんぞうの蕾を入れて中火で炒める。
2. 少し歯ごたえが残るくらいのかたさで塩をふり、中まで火が通っているか確認し、手早く混ぜて火を止める。
3. こしょうをひとふりし、混ぜて仕上げる。

夏の野草

みょうが

魚の毒消しに欠かせない薬味
夏みょうがと秋みょうががある

　みょうがは香りとシャキシャキとした食感が魅力で、旬の時季には何にでも入れたくなりますが、非常に陰性が強いので食べすぎに注意。昔から「みょうがの物忘れ」といいますが、陰の力で脳細胞がゆるみ、物忘れをしたり記憶が曖昧になったりします。

　たくさんとれたときには、甘酢漬けや梅酢漬け、醤油漬けなどの保存食にし、少量いただくようにしましょう。体にたまった魚由来のたんぱく質や脂肪の分解に働きます。

　みじん切りにして塩を混ぜ、少しおいてしぼってから味噌か醤油で和えると、ごはんのお供になります。

　摘むときは、頭がかたくつぼんでいるもの（写真左）をとること。頭が開いているみょうが（写真右）は、さらに陰性です。

おススメ みょうが料理

甘酢漬け（P26）　味噌和え（P145）
醤油漬け（みじん切りにして塩でアク抜きし、
　しぼってから醤油に漬ける）
汁もの、めん料理

みょうがの梅酢漬け

刻んで散らし寿司に、外側を1枚はずしてにぎり寿司に

材料

みょうが……適量

赤梅酢……適量

湯ざまし
　……赤梅酢6に対して湯ざまし4の量

作り方

1. みょうがは先端を切り捨てて、海水くらいの濃度（約3.4%）の塩水で洗ってからふきんかキッチンペーパーで水分をよく拭き取る。縦半分に切り、ガラスびんなどに詰める。
2. 材料表の割合で赤梅酢を湯ざましで割り、1のみょうがの頭がかくれるまで注ぐ。

＊長く漬けると味が変わるので、2〜3か月で食べきる。

159

> 夏の野草

しろざ・あかざ・あおざ

葉が粉を吹いているのが特徴
まるで木のように大きくなり、
葉だけでなく、実も食用になる

　葉が菱形で縁がギザギザし、葉柄も独特なので、すぐに判別できる野草です。あかざはしろざの変種ですが、しろざの若い葉には白い粉がついていて、あかざは赤い粉でおおわれています。若葉の中心が青みをおびているのは、あおざ。夏から秋にかけて、どちらもアク抜きをしておいしくいただけます。

　あかざは江戸時代には栽培されていましたが、しろざは野生で育っており、今でもしろざのほうが野生で多く見られます。

　人の背丈より大きくなりますが、繁殖力が強いので、根っこごと抜いて日当たりのよい場所に移植すれば、毎年増えます。

　晩秋に鈴なりに実をつけますが、その旺盛な生命力に驚かされます。実はつくだ煮に（P167）。

おススメ しろざ・あかざ・あおざ料理

本書に掲載の和えもの全般
天ぷら（P56）
炒めもの、汁もの

> 夏の野草

べにばなぼろぎく

キク科の野草で
味と香りが春菊に似ている
下を向いてつく紅色の小さな花がかわいい

夏の初めから秋にかけて食べられる、春菊に味と香りが似た野草。大きな葉のつけ根に小さな葉がついているような独特な形をしているので、比較的みつけやすいのですが、確証がもてなかったら、赤い花がつくのを待つといいでしょう。花は小さなベルが吊りさがっているように、下向きについています。

花が咲いても、柔らかい葉を摘んで食べられます。べにばなぼろぎくに似ただんどぼろぎくという、白い花をつける草がありますが、こちらは外来種のため食用に向きませんので、注意してください。

おススメ べにばなぼろぎく料理

胡麻和え（P38・煮きりみりんをプラス）
天ぷら（P56）
白和え（P102）
煮びたし、汁もの

秋の野草

- 種
- 実つき
- まこもたけ

秋の野草

ねこじゃらしの種

雑草だと思っていたら穀物の仲間だった
妊活中の人に
ぜひ食べていただきたい

　えのころぐさ、通称ねこじゃらしはどこにでも生えている雑草、と思いきや実はイネ科で、雑穀の粟の原種なのです。かつて飢饉の際には、栄養補給に使われていました。

　たくさんのかたい毛の奥に、びっしりと種子がついているのですが、種のものは子種につながるため、子宝に恵まれたい人には特におススメ。生命力の塊のようなものなので、もちろんどんな人にとっても元気が出る野草の種です。

　晩秋になると、種が緑色から黄色に変わるので、そうなったら茎を短くつけて摘み、乾燥させてふりかけの材料にします。緑色の粒が混じると種をはずしにくいので、完全に茶色になるまで乾燥させるのがよいです。まわりについた毛は、しっかり取り除いてください（P164）。

秋の野草

ねこじゃらしの種のふりかけ
毛の奥についている種をもんで
落としてふるって乾燥させて

材料（作りやすい分量）
干したねこじゃらしの種……大さじ4
洗い金胡麻（または白胡麻）……大さじ1と1/2
青のり……大さじ2
カットわかめ……大さじ2
塩……大さじ1

作り方

1. ねこじゃらしは黄色になって種が落ちる前のものを摘み、10日ほど天日で干してカラカラに乾燥させる。種だけを取り出すが、ボウルに入れて手でもんで種を落とし、ふるいにかける。最後に、ふーっと軽く息を吹きかけて、毛を吹き飛ばす。

2. 塩は鉄のフライパンに入れて弱めの中火にかけ、木べらで右回転でかき混ぜながら、30分煎る。これをすり鉢に入れ、粗くすりつぶす（粉末状より手前に）。すり鉢の溝につまった塩はかき出す。ブラシや専用の道具、またはつまようじ4本を束ねて取り出す。

3. 鍋またはフライパン（あれば炒められる土鍋）を熱して1のねこじゃらしの種を入れ、乾煎りする（陽性化）。きつね色になるまでよく煎ったら、2のすり鉢に入れ、7割方すりつぶす。

4. 胡麻はP35の作り方2を参照して香ばしく煎る。

5. わかめはサッと炒って別のすり鉢に入れ、すりこぎで軽くつつきながら細かくする。青のりもサッと炒って、すぐに取り出す。

6. 3のすり鉢に2の塩、4の胡麻、5のわかめと青のりを入れ、木べらなどでよく混ぜ合わせる。

＊下敷きをこすって静電気を起こして当てると、毛が下敷きについて、うまく分離させることができる。

＊胡麻はつぶすと油が出て酸化するため、すりつぶさない。

しろざの実

秋の野草

鈴なりの実をしごいて
つくだ煮やふりかけに
元気が出て、子宝にも恵まれる

　しろざも、その変種のあかざ、あおざも、たった一粒の種から芽を出し、見上げるほどの高さになり、秋には鈴なりの実をつけます。生命エネルギーが詰まった実は陽性なので、食すれば体が温まり、子宮も温まります。不妊で悩んでいる人には、ぜひ実をつくだ煮にして毎日少量ずつ食べてほしいのです。疲れやすくて体力のない人も、活力をもらえます。

　実を指でしごいてはずすのはかなり時間がかかりますが、そこに時間を使う価値は十分あります。

　いぬびゆ（P153）の実も、同様に使えます。

おススメ しろざの実料理

天ぷら（P56）
ふりかけ（P164）

しろざの実の つくだ煮

自然で素朴な味わいに、体の奥から癒される

材料（作りやすい分量）
しろざの実※⋯⋯100g
塩（アク抜き用）⋯⋯大さじ1
薄口醤油⋯⋯大さじ3
醤油⋯⋯大さじ1

※ あかざ、あおざでも可。

作り方

1. しろざは指でしごいて分量の実を用意し、塩を加えた熱湯に入れ、4〜5分ゆでる。
2. 種が小さいので、目の細かい布をザルにかぶせ、その上に1を入れ、水を張ったボウルに浸けて粗熱をとる。ボウルの水を替えて水にさらすが、青臭みがあるので水を20分毎に2〜3回替える。
3. 鍋（あれば土鍋）を熱し、2の種を布ごと水から引き上げ、しっかりしぼってから加える。木べらで右回転で混ぜながら、水分が飛んでサラサラになるまで弱めの中火で（20分ほど）乾炒りする（さらにアクが抜ける）。
4. 別の土鍋に薄口醤油を入れて火にかけ、沸騰したら醤油を加え、再度煮立たせる。
5. 4の鍋に3を入れて混ぜ、4〜5分弱火で煮る。塩少々（分量外）をふってひと混ぜする。

> 秋の野草

種つきしろざ
種つきいのこづち

種つきのしろざ

しろざの種

**野草の種は生命力の塊!
穂先だけの天ぷらで
味わいとパワーを堪能**

　種のついたしろざやいのこづちの穂先だけを摘んで、秋の野草天ぷらを味わいましょう。畑に穂をつけた青じそがあれば、それも一緒に。

　いのこづちの穂が大きくなると、かたくて口触りが悪いので、チョコンと出ているくらいのものを摘みます。ちなみに種つきよもぎの天ぷらは、苦くてとても食べられたものではありません。種なら生命力があって何でもいいと勘違いしないように。安心して食べられるのは、しろざといのこづちのみです。

種つきのいのこづち

おススメ 種つきしろざ・いのこづち料理

天ぷら（P56）

摘んではいけない毒草

野草のなかには、食べると中毒を起こし、重篤な状態を引き起こす毒草があります。間違えてしまうのは、食べられる野草と似ているからです。けれどよく見ると、違う形をしている部分があったり、匂いが違ったりするので、それぞれの特徴を知って、間違えて摘むことのないよう十分気をつけてください。

※このページで紹介している毒草以外にも注意したい植物はあるので、詳しくは厚生労働省の「自然毒のリスクプロファイル」のサイトや各自治体が出している毒草についてのサイトをご覧ください。

■ きつねのぼたん、きんぽうげ（別名うまのあしがた）

特徴
- 若い葉がみつばと似ていて、みつばと混ざって生えていることがある。
- 葉の裏や茎に毛がある。みつばは無毛。
- みつばは一本の茎から分かれているが、きつねのぼたんやきんぽうげは分かれていない。
- 黄色い花をつける。みつばは白い花。

きつねのぼたん

症状：口の中に強い刺激。嘔吐、下痢、腹痛など。多量摂取で心臓停止の可能性も。

■ 毒ぜり

特徴
- 葉がせりによく似ているが、せりのような香りがしない。
- 早春から大きく成長し、花の頃には1mに。せりは春に10〜15cm、初夏に30cmほど。
- 根は太く、割るとたけのこ状の節がある。せりの根は糸のように細い。

症状：嘔吐、下痢、けいれん、呼吸困難。昏睡状態になることも。

■ とりかぶと

特徴
- 山菜のにりんそうや、もみじがさの若葉に形が似ている。
- 無毛。にりんそうは全体にまばらに毛、もみじがさは葉の表面に毛がある。
- 高さ1mになるが、にりんそうは高くならない。もみじがさは90cmほどに。
- 秋に紫色の花。にりんそうは春先に、もみじがさは夏に白い花をつける。

症状：根を食すると死に至ることがあり、葉を食べても中毒症状を起こす。
口唇や舌、手足のしびれ。嘔吐、腹痛、下痢、不整脈、血圧低下、けいれん、呼吸不全。

以下についても、検索して特徴を調べてみてください。

- ■ 毒にんじん：しゃくに似ている。
- ■ すいせん：にら、のびると間違えやすい。
- ■ ばいけいそう：うるいに似た毒草。
- ■ ふくじゅそう（芽吹きの頃）：ふきのとうに似ている。
- ■ はしりどころ（芽吹きの頃）：ふきのとうに似ている。

自前の健康茶でデトックス！
野草茶・まこも茶

　野草茶はどれもデトックス力が高く、とてもおいしいので、秋冬を除く毎日のお茶としてぜひ活用してください。寒くなってから野草茶を飲まないほうがよいというのは、野草はアクがあって陰性のため、体が冷えて貧血になるからです。たんぽぽのように根だけで作るお茶は、体を温める効果があるので、むしろ冬に飲んでほしい陽性なお茶です。

　お茶にする野草は、晴れた日の午前中に摘むのがよいですが、最も効能が高いのは新月です。摘む場所の注意はP9を参照してください。

　まこも茶は若葉ではなく、成長しきった7月頃から作ることができますが、寒くなったら単独では煮出さずに、体を温めるお茶とブレンドすることをおススメします（詳しくはP174を参照）。

　いずれの野草茶もガブガブ飲むのではなく、喉が渇いたときに潤す程度に飲むようにしましょう。

おおばこ茶

おおばこはP58に書いたように、とても陽性な野草です。種がついたものを根っこごとお茶にすると、婦人科系のトラブル、特に乳腺炎の際に症状の緩和が期待できます。

お茶の作り方

1. 種がついたおおばこは、移植ごてを使って根っこごと全草を掘り、よく洗って土を落とす。
2. 1を竹ザルに広げて天日で一日干す（P170写真）。
3. 2をキッチンばさみで長さ3～4cmにカットし、再び竹ザルに広げて天日で干す。
4. カラカラに乾くまで干したら、密閉容器に入れる。

飲み方 焙煎して熱湯で煮出す
※ P173 ❷を参照。

たんぽぽの根のお茶
（たんぽぽコーヒー）

陽性な野草のたんぽぽの根（綿帽子が飛んだあとのもの）で作るお茶は、たんぽぽコーヒーと呼ばれ、大変体を温めるお茶。陰性の冷え性や母乳不足に悩む人に、特におススメ。市販のものは、陰性な糖分が入っているものが多いので注意。

お茶の作り方

1. たんぽぽは移植ごてを使って根っこごと掘り、よく洗って土を落とす。
2. 根だけを包丁で細かく切り、竹ザルに広げて天日で干す。
3. カラカラに乾くまで干したら、密閉容器に入れる。

飲み方 焙煎して水から煮出す
※ P173 ❶を参照。

つゆくさ茶

つゆくさは花がついてから、根っこごと乾燥させてお茶に。利尿効果があり、腹水にいいといわれています。

※お茶の作り方は「おおばこ茶」を参照。

飲み方 焙煎して熱湯で煮出す
※ P173 ❷を参照。

171

よもぎ茶

春に作る香り高いよもぎ茶は、血液浄化、肝臓強化、貧血や冷え性、アレルギー体質の改善に働き、多くの人に愛飲されています。日射しが強い5月のよもぎはアクが強いので、料理だけでなくお茶用にも摘むのはやめましょう（寒冷地では時期がズレます）。4月のうちでも場所によってはアクが強くなっているので、その場合はサッとゆでてしっかり水気をしぼってから干してください。

お茶の作り方1
アクが少ない時期のよもぎ
1. 摘んだよもぎは洗ってしっかり水きりし、竹ザルに広げて天日で一日干す。
2. 翌日からは、風通しのよい日陰で干す。
3. カラカラに乾くまで干したら、密閉容器に入れる。

お茶の作り方2
アクが強くなってきたよもぎ
1. 摘んだよもぎは洗って水きりし、熱湯に入れ、20秒ゆでてザルにあげる。
2. ボウルに張った水に1をとって手早く冷まし、すぐにザルにあげて水気をしぼる。
3. 2を竹ザルに広げ、風通しのよい日陰で干す。
4. カラカラに干したら、密閉容器に入れる。

よもぎ茶は、体の状態に応じて飲み方を変えます。陰性に傾いている場合は、よく焙煎してから煮出しましょう。陽性に傾いている人には、煎茶のように急須に入れ、熱湯を注いで淹れて出すと喜ばれます。健康体なら浅く焙煎するか、焙煎しないで煮出してもよいでしょう。

飲み方1　焙煎して水から煮出す
P173の「焙煎の仕方」と「煮出し方❶」を参照して煮出す。

飲み方2　そのまま煮出す
1. 土瓶か土鍋に湯1.5ℓを沸かし、干したよもぎ茶を10g入れて、中火にかける。
2. 沸騰したらふたをずらし、弱火にして10分煮出し、茶こしでこして飲む。

焙煎して煮出す飲み方

焙煎の仕方
1. 空炒りできる土鍋か、鉄のフライパンを中火で熱し、干した野草を入れる。
2. 5〜10分菜箸で右回転で絶えずかき混ぜながら焙煎する（時間は量によって加減する）。

※焙煎した野草茶は、早めに使いきるように。

煮出し方❶　水から煮出す
1. 土瓶か土鍋に水1.5ℓと焙煎した野草茶10gを入れ、中火にかける。
2. 沸騰したら弱火にして20分煮出し、茶こしでこして飲む。

煮出し方❷　熱湯で煮出す
1. 熱湯1.5ℓに焙煎した野草茶10gを入れ、中火にかける。
2. 沸騰したらふたをずらし、弱火にして5〜10分煮出す。

種つきよもぎ茶

秋になって種をつけたよもぎを乾燥させて作るお茶は、肝臓の働きをよくする効果が倍増！　味も香りもパワフルです。

お茶の作り方
摘んだ種つきよもぎは、ひもでくくって天日で干し、カットして密閉容器に入れる。

飲み方
焙煎して水から煮出す
※上記❶を参照。

つくし茶

つくしをたくさん摘んだら、はかまを取らずに手軽に作れるつくし茶に！　側湾症など陽性な症状のある人には不向き。

お茶の作り方
1. 摘んだつくしはザルに入れ、水を張ったボウルにサッと浸けて洗い、ザルをあげてしっかり水きりする。
2. 1を盆ザルに広げ、天日で干す。
3. カラカラに乾くまで干したら、密閉容器に入れる。

飲み方
焙煎して熱湯で5分煮出す
※上記❷を参照。

まこも茶

まこもの葉で作るお茶は、血液、細胞をきれいにする力が強く、体内から老廃物を排出させ、免疫力アップにも役立ちます。

まこもたけがとれるのは秋ですが、まこもたけができてしまった葉は薬用としての効果はないので、お茶用には実がなる前に収穫します。しっかり大きく育てば7月から収穫することができます。生産者の通販サイトなどで販売されるので、チェックしてみましょう。

陰性なお茶ではあるので、焙煎して陽性にしてから煮出してください。夏は浅煎りで、秋以降は深煎りに。寒くなってきたらまこも茶だけで飲まずに、三年番茶やほうじ茶、黒焼き玄米茶とブレンドして煮出すほうが、体が温まります。

お茶の作り方

1. まこもの葉は根元側を輪ゴムでまとめ、ひもでくくって日なたに吊し、カラカラになるまで天日干しする。
2. 先端は陰性なので5cmほど切り捨て、長さ1〜2cmにカットして、密閉容器に入れる。

まこも茶の焙煎の仕方

空炒りできる土鍋か鉄のフライパンを熱し、乾燥させてカットしたまこもの葉を入れ、木べらで右回転でかき混ぜながら焙煎する。

飲み方 焙煎して熱湯で15分煮出す
※ P173 ❷を参照。

> 秋の野草

まこもたけ

高栄養でデトックス力抜群！
淡泊でありながら、甘味とうまみがあり
多様に使える秋限定の貴重な食材

　まこもは、かつて日本中の川に自生していた丈の長いイネ科の植物ですが、現在は栽培ものが流通しています。多く含まれる黒穂菌（くろぼきん）の働きで根元がふくらむことで、まこもたけができます。

　まこもたけは縄文人の日常食で、古来、聖なる食物として扱われてきました。低カロリーながら栄養価が高く、食物繊維、たんぱく質、ビタミン、カリウムなどのミネラルを含み、美容と健康によいとされるケイ素も含まれています。

　黒穂菌は数百度でも死なない耐熱菌で、まこもたけを食べ、まこも茶を飲むと、血液、体液、リンパ液、細胞、唾液に浸透して、老廃物や毒素が排出され、血液浄化と細胞の活性化が促進されます。また、まこもたけは免疫力アップ、ホルモン分泌促進、コレステロール減少にも働き、血圧や血糖値を下げることもわかっています。とはいえ、食べすぎないこと。

秋の野草

まこもたけの下処理

　まこもたけはかたい皮でおおわれているので、それをくまなく丁寧にむいてから使います。薄皮が残っていると、食べたときに口触りが悪いので気をつけてください。

　皮をむいたときにつるりとして白く柔らかい状態が理想的ですが、むいても緑色をした、かたいまこもたけもたくさん売られています。これは、収穫に最適な時期を逃したものといえますが、こういうまこもたけを入手した場合は、ピーラーで緑色の部分をむいて使ってください。

　大きくなってかたくなったまこもたけを切ってみると、黒い斑点が見られます。これは黒穂菌でまこもたけをふくらませる働きがあり、この菌のおかげでまこもたけができるわけです。なので、斑点が出ていても食すのに問題はありません。安心して食べてください。

　黒穂菌がたくさん出ているものはスポンジのような状態になっていて、食感があまりよくないため、こうならないうちに使いましょう。

1. まこもたけの皮をむく。大きな皮をむいたあと、薄皮のような皮が張りついているのを見逃さないで、すべてむいてしまう。
2. 先端にも、繊維のあるかたい皮がついているので、そこもしっかりとむく。
3. 根元のかたい部分を切り落としてから、用途に応じてカットする。

まこもたけのきんぴら

素材の甘味が強いため、シンプルな味つけでOK！

材料（作りやすい分量）

まこもたけ……170g
胡麻油……小さじ1
塩（炒め始め用）……少々
薄口醤油……大さじ1
醤油……大さじ1
塩（仕上げ用）……少々

＊七味とうがらしをふりかけたり、煎りごまを混ぜてもおいしい。

作り方

1. まこもたけは左記の下処理をし、厚さ2mmの斜め薄切りにしてからせん切りにする。
2. 厚手のフライパン（できれば鋳物製）または炒められる土鍋を熱して胡麻油をひき、1のまこもたけを入れて塩（炒め始め用）をふり、右回転で炒める。
3. 中火でじっくり炒め、まこもたけがしんなりして透き通ってきたら薄口醤油と醤油を順に回し入れて、3〜4分炒める。
4. 味見して仕上げの塩をふり入れ、ひと混ぜする。

材料（4人分）
まこもたけ……110g
里芋……3個
胡麻油……小さじ1
昆布だし（P19の作り方1）
　……5カップ
味噌（できれば三年米味噌）
　……135g
青さのり……3g
細ねぎ……2本

まこもたけと里芋、青さのりの味噌汁
デトックス食材の最強コラボ。そして、とってもおいしい

作り方

1. まこもたけはP176を参照して下処理し、厚さ2mmの斜め薄切りにする。
2. 里芋はよく洗って皮をこそげ、半分に切ってから厚さ5mmに切る（こそいだ皮はP19のコイン形の揚げものや、つくだ煮などに）。
3. 細ねぎは根と陰性な先端5cmほどを切り落とし、幅2mmの斜め切りにする。
4. 鍋（あれば土鍋）を熱して胡麻油をひき、まこもたけを入れてサッと炒め、里芋も加えて同様に炒める。そこに昆布だしを入れ、中火で煮る。
5. ボウルに味噌を入れ、4から煮汁を少量すくって溶く。
6. 具材に火が通ったら5を加え、食べる直前に青さのりをちぎって入れ、細ねぎを散らす。

秋の野草

材料（作りやすい分量）
まこもたけ……150g
塩（炒め始め用）……少々
乾燥芽ひじき……15g
胡麻油……大さじ1弱
水（ひじきをもどす用）
　　……1/2カップ
薄口醤油……大さじ1
醤油……大さじ1
酒……大さじ2
塩（仕上げ用）……少々

まこもたけのひじき煮
醤油だけの味つけとはとても思えない、深みのある煮もの

作り方

1. まこもたけはP176を参照して下処理し、厚さ2mmの斜め薄切りにしてから細切りにする。
2. ひじきはサッと洗い、分量の水に浸けてもどし、水気をきる（もどし汁は捨てない）。
3. 鍋（あれば土鍋）を温めて胡麻油をひき、1のまこもたけを入れ、塩（炒め始め用）をふって右回転で混ぜて炒める。
4. まこもたけがしんなりして透き通ってきたら鍋の端に寄せ、空いたスペースに2のひじきを入れて炒める。
5. 4にひじきのもどし汁を加え、ふたをして煮る。
6. ひじきが柔らかくなったら酒を入れ、アルコール臭さがなくなったら2種の醤油を回し入れ、汁気がなくなるまで中火で煮る。
7. 味見して仕上げの塩をふり、右回転で混ぜて火を止める。

材料（作りやすい分量）

まこもたけ（柔らかいもの）
　……185g

油揚げ……1枚

胡麻油……大さじ1/2

昆布だし（P19の作り方1）
　……70㎖

酒……大さじ1

薄口醤油……大さじ1弱

醤油……大さじ1

塩……少々

まこもたけと油揚げの煮もの

みんながうなる、大人気のおかず。お弁当にも

作り方

1. まこもたけはP176を参照して下処理し、一口大の乱切りにする。
2. 油揚げは熱湯で1〜2分ゆでて油抜きする。ザルにあげ、冷めたら水気をきって横3等分し、長さ3cmにする。
3. 鍋（あれば土鍋）を熱して胡麻油をひき、油揚げを加えて塩少々（分量外）をふって右回転でじっくり炒め、まこもを加えて塩少々（分量外）をふり、きつね色になるまでしっかり炒める。
4. 昆布だしをひたひたより少なめに入れ、ふたをして中火で煮る。
5. 煮立ったら、酒をふり入れ、ザッと混ぜて、アルコール臭さがなくなったら薄口醤油を加えて混ぜ、続けて醤油を加えて混ぜる。
6. ふたに穴があれば木栓をして、弱火で10〜15分煮る。仕上げに塩をふって混ぜて火を止める。

秋の野草

材料（作りやすい分量）

まこもたけ（柔らかいもの）
　……135g

塩……少々

塩蔵わかめ……20g

辛子酢味噌
> 洗い金胡麻……大さじ1
> 酢……大さじ2
> みりん……大さじ1と1/2
> 味噌（できれば三年米味噌）
> 　……大さじ1
> 粉辛子※……小さじ1

※ 練り辛子に替えても可。

まこもたけとわかめの辛子酢味噌和え
辛味と酸味が絶妙な和えもの

作り方

1. まこもたけはP176を参照して下処理する。塩を手にとってまこもたけにまぶし、蒸気があがった蒸し器に丸ごと入れて5分ほど蒸す（あれば土鍋に陶器の蒸し板で、ふたの穴に木栓を）。
2. 1を取り出し、粗熱がとれたら厚さ0.5mmの斜め薄切りにする。
3. 塩蔵わかめは2回洗って塩を落としてから、水に浸けてもどす。熱湯に2〜3秒くぐらせて取り出し、水気をしぼって長さ1cmに切る（秋冬はゆでる。春夏はもどしただけでOK）。
4. 辛子酢味噌を作る。P47の作り方3を参照して粉辛子を溶く。
5. 胡麻はP35の作り方2を参照して煎り、すり鉢に入れて8割方する。
6. P26の作り方2〜3を参照して甘酢を作り（塩は入れない）、冷ます。
7. 5のすり鉢に冷ました6を入れてすり混ぜ、味噌と辛子を加えて混ぜる。
8. 3のわかめを再度しぼって2のまこもたけとともに7に加え、手でもむようにギュッと力を入れて右回転で混ぜる。

＊ラー油は手作りするのがおススメ。小鍋に胡麻油を少量入れて火にかけ、鍋が熱くなってきたら火を止めて一味とうがらしを適量入れ、鍋をぐるっと回してすぐに器にとる。

秋の野草

まこもたけチヂミ

三種の粉をブレンドして、
パリッ！ フワッ！ サクッと楽しい食感

材料（2枚分）
まこもたけ……85g
地粉……大さじ3
米粉……大さじ1と1/2
葛粉……大さじ1と1/2
塩……少々
水（生地用）……65㎖
胡麻油……小さじ2

にんじん……70g
玉ねぎ……1/4個

ラー油入りポン酢
┌ 酢……小さじ1
│ 醤油……大さじ1
└ ラー油（好みで）……適量

作り方

1. ボウルに地粉と米粉、葛粉、塩、水を入れる。右回転で空気を入れるように混ぜたら、ぬれぶきんをかぶせて20分おき、もう一度しっかり混ぜ合わせる。
2. まこもたけはP176を参照して下処理し、厚さ1mmの斜め薄切りにしてからせん切りにする。
3. にんじんも厚さ1mmの斜め薄切りにしてから、長さ3cmほどのせん切りに。玉ねぎは厚さ1mmで回し切りにし（P155の作り方4）、バラバラにしておく。
4. 1のボウルにまこもたけとにんじんを入れて一度混ぜ、玉ねぎを加えて混ぜる。
5. 厚手のフライパン（あれば鋳物製）を中火にかけ、しっかりと熱してから胡麻油をひく。そこに4の生地の半量を入れ、ぬらしたスプーンで薄くのばして中火で焼く。
6. 表面の生っぽさがなくなったら裏返し、上からへらでギューッと押さえて焼き、焦げ目をつける。6分ほど焼いてこんがりと焼けたら皿にとり、残りの生地も同様に焼く。
7. 焼いたチヂミは食べやすくカットする。ラー油入りポン酢の材料を混ぜ合わせ、チヂミに添える。

秋の野草

まこも豆腐

すりおろしたまこもたけと葛粉で、料亭で出せるレベルの一品に

材料（作りやすい分量）

まこもたけ……190g

葛粉……150g

昆布だし（P19の作り方1）……5カップ

白胡麻ペースト……大さじ3

塩……小さじ1

わさび（生姜でも可）……適量

醤油……適量

作り方

1. まこもたけはP176を参照して下処理し、すりおろす。
2. P123の作り方1、3〜8を参照して作るが、4でからむしを加えるところを1のまこもたけのすりおろしに替える。最後に添える薬味は、練りわさびでもおろし生姜でも。

* 今回は白胡麻ペーストを入れているが、入れなくてもおいしくできる。入れなければもっと白くてきれいな豆腐になる。

* 長時間加熱するので、ある程度の量を作りたい料理。冷蔵すれば2〜3日食べられる。

まこもたけの しぐれ味噌

甘味とうまみが
たまらない
おにぎりにもぜひ！

材料（作りやすい分量）

まこもたけ（大きめのもの）
　……85g

れんこん……20g

生姜……40g

胡麻油……大さじ1

味噌（できれば三年米味噌）
　……80g

作り方

1. まこもたけはP176を参照して下処理し、斜め薄切りにしてから幅2mmのせん切りにし、さらに細かいみじん切りにする（大きめのまこもたけを使用すると、みじん切りがしやすい）。

2. れんこんは厚さ0.5mmの輪切りにしてからみじん切りに。生姜は30gをまこもたけと同様の切り方でみじん切りにし、残り10gはすりおろす。

3. 鍋（あれば炒められる土鍋）を中火にかけて熱し、胡麻油をひいて1のまこもたけを入れ、すぐに塩少々（分量外）をふる。木べらで右回転で混ぜながら、6～7分炒める。

4. まこもたけを鍋の端に寄せ、空いたところにれんこんを入れて塩少々（分量外）をふり、サッと炒めてから、まこもたけと混ぜて弱火で10分炒める。焦げてきたら、ぬれぶきんの上に鍋を移し、焦げた部分をこそげ、また火の上に戻す（少量の水を差しても）。

5. 4にみじん切りの生姜を加えて混ぜ、4～5分炒める。

6. 5に味噌を加えて混ぜ、生姜のすりおろしを加える。きれいに混ざり、ある程度火が通ったら火を止める。そのまま混ぜ続け、余熱でさらに火を通す。

＊生姜をみじん切りとすりおろしに分けて作るのは陽性体質向け。陰性体質の人は、P23の作り方6、7を参照するとよい。

まこもたけの南蛮漬け

肉厚のまこもたけで作ると絶品！！
柑橘も加えてサッパリと

＊少量の油で揚げ焼きのようにするため、最後に油の処理が不要。ウエスなどで拭き取って洗うだけでよいので、油を無駄にせず、地球にも優しい。

秋の野草

材料（作りやすい分量）

まこもたけ……150g

にんじん……12g

玉ねぎ……30g

細ねぎ……1本

甘酢
- みりん……大さじ3
- 酢……大さじ4
- 塩……少々を2回

天ぷら衣
- 地粉（国産小麦粉）……大さじ2強
- 塩……ひとつまみ
- 水……大さじ2強

地粉（ポリ袋に入れる用）……大さじ2強

菜種油（新しい油）……適量

柑橘（ゆずやかぼすなど）……1個

作り方

1. まこもはP176を参照して下処理し、厚さ4mmの斜め薄切りに（まこもたけが乾いていると粉がつかないので、衣がはぜて油がはねやすくなるため、水をかけてザルにあげ、余分な水分だけ落とす）。ポリ袋に地粉と水でぬらしたまこもたけを入れ、空気を入れて口を閉じ、袋を振ってまこもたけに粉をまんべんなくつける。

2. 野菜は生で使用するため、できるだけ薄く切る。にんじんは厚さ1mmの斜め薄切りにしてから、せん切りに。玉ねぎは厚さ1mmにスライスし、細ねぎは先端5cmを切り捨て、細長い斜め切りにする。

3. 柑橘は薄く皮をむき、裏の白い部分は苦いのでしっかり取り除き、幅1mmのせん切りにする。

4. バットににんじんと玉ねぎ、細ねぎ、柑橘の皮を混ぜて広げておく。

5. P26の作り方2〜3を参照して甘酢を作る。

6. 5が熱いうちに4にかけ、野菜に味をしみ込ませる。

7. ボウルに地粉と塩を入れ、地粉と同量の水を加えて、菜箸でだまが残るくらいに混ぜて天ぷら衣を作る。

8. 厚手のフライパン（できれば鋳物製）に菜種油を深さ1cmまで入れて火にかける。

9. 8の油に衣を少量落とし、すぐに浮いてきたら適温。1のまこもたけを7の衣にくぐらせ、油に入れて揚げる（油が少ないので、揚げ焼きのようになる）。

10. 縁が茶色になったら裏返し、表7分、裏3分の割合でカラリと揚げる（まこもたけに触るのは、裏返すときの1回だけにすること）。

11. 6のバットを傾けて野菜を上側に移し、甘酢を下にためておく。

12. 10を揚げバットにとって油をきり、11のバットにためた甘酢に手早く両面をつけて、野菜と混ぜ合わせる。

材料（作りやすい分量）
まこもたけ……90g
まこもたけ（すりおろし用）
……1本
冬瓜……380g
塩（冬瓜のアク抜き用）
……大さじ1
細ねぎ……2本
胡麻油……小さじ1
昆布だし（P19の作り方1）
……5カップ
薄口醤油……大さじ2
醤油……大さじ1
塩（味つけ用）……ひとつまみ
葛粉……大さじ2
水……大さじ2

まこもたけと冬瓜のスープ
スライス&すりおろしまこもと冬瓜で優しい甘味に

作り方

1. まこもたけはP176を参照して下処理し、90gは厚さ5mmの斜め切りに。すりおろし用の1本はすりおろす。
2. 冬瓜は大きいものを選んで購入する（品種改良された小さい冬瓜はできるだけ購入しないこと）。種とワタをを除いて皮を厚めにむき、厚さ2cmの食べやすい大きさに切ったら塩（アク抜き用）をまぶして10分ほどおく。
3. 2を熱湯にサッと入れ、ザルにあげる。
4. 細ねぎは根と陰性な先端5cmほどを切り落とし、幅3mmの斜め切りに。
5. 鍋（あれば土鍋）を熱して胡麻油をひき、冬瓜を入れて塩少々（分量外）をふり、冬瓜の角が丸くなるくらいじっくり炒める。1のカットしたまこもたけを加え、塩少々（分量外）をふって炒める。
6. 5に昆布だしを注ぎ、ふたをして煮る。
7. 冬瓜に火が通ったら、まこもたけのすりおろしを加え、煮立ったところに薄口醤油と醤油、塩で味つけする。
8. 葛粉を同量の水で溶き、7に入れて混ぜ、とろみをつける。最後に細ねぎを散らして火を止める。

こぼれ話　まこもで、きれいな羊水になった！

まこも茶やまこもたけを継続して食べた人達から、「腎臓・膀胱の働きがよくなった」「結石が治った」「糖尿病や肝臓の数値が下がった」と、次々と体験談が寄せられ、まこものもつ血液と細胞を浄化する力に驚くばかり。

生まれて3日目の赤ちゃんを私の講演会場に連れてきた女性は、「ばあちゃんのアドバイス通りにまこもたけを毎日少しずつ食べて、まこもの葉のお茶をせっせと飲んで、土鍋の玄米に塩梅のいい具だくさんの味噌汁、旬のシンプルなおかずを心がけるようにしたところ、つわりもなくお産も安産。そして80代のベテラン助産師さんから、『こんなにきれいな羊水を見たことがない』とびっくりされた」と私に話してくれて、まこもが血液、体液、細胞を浄化することを証明してもらえました。

この本で使用している食材と道具の購入案内

本書の撮影で使用したまこもたけや調味料、土鍋やフライパンなどの購入先を紹介します。
自然に即して作られたもの、昔からあるものを大事に使う暮らしのために役立ててください。

まこもたけ・まこもの葉

○ **矢内自然農園**（電話：090-6827-8001）

〈インスタグラム〉
メール：nyauchi@hotmail.com
自然農・兵庫県姫路市

土鍋・フライパン

○ **健康綜合開発**（電話：03-3354-3948）

〈ネットショップ〉
煮炊き用土鍋、炒められる土鍋、
片手の土鍋、土瓶など

○ **及源鋳造**（電話：0197-24-2411）

〈ネットショップ〉
鉄鋳物フライパンなど

お茶・調味料など

○ **ノリカスタイル**

〈若杉ばあちゃん公式オンラインショップ〉
塩、醤油、酢、まこも茶、三年番茶、黒焼き玄米茶、
土鍋、フライパンなど
書籍や料理教室、オンライン講座も

おわりに

野草料理は身土不二*の極みです。
古い言葉に、「身土不二に病なし」「身土不二に病知らず」とあります。
これからどう生きるかは、みなさん一人一人の問題です。
野草を食べて、心と体を元気にしてください。

2025年1月吉日　若杉友子

*身土不二は、「体と環境は切り離せない」という意味で、自分が暮らす土地でできたものを、旬のときに食べることを大切にする考え方。

若杉友子（わかすぎ・ともこ）

1937年大分県生まれ。静岡市で川の汚れを減らす石けん運動などを行うなかで、自然の野草の力に着目。食養を世に広めた桜沢如一の教えを学び、1989年、「命と暮らしを考える店・若杉」をオープン。1995年、自給自足の生活を実践すべく、京都府綾部市に移住。陰陽の考え方にもとづいた野草料理と、日本の気候風土に根ざした知恵を伝え続けてきた。
著書に『野草の力をいただいて』（五月書房新社）、『今日も明日も身軽な暮らし』（すばる舎）、『若杉ばあちゃんの食養相談室』『若杉ばあちゃんの伝えたい食養料理』『若杉友子の毒消し料理』『若杉ばあちゃんのよもぎの力』（すべてPARCO出版）などがある。

撮影＆スタイリング：畑中美亜子
デザイン＋DTP：ミノリコブックス
編集：吉度ちはる（よ・も・ぎ書店）

編集協力：若杉典加　若杉志保

若杉ばあちゃんの野草料理
&まこもたけレシピ全90品

発行日 2025年2月2日 第1刷

著者　若杉友子
発行人　小林大介
編集　堀江由美
発行所　PARCO出版
　　　　株式会社パルコ
　　　　東京都渋谷区宇田川町 15-1
　　　　https://publishing.parco.jp

印刷・製本　株式会社加藤文明社

©2025　TOMOKO WAKASUGI

無断転載禁止
ISBN978-4-86506-465-0 C2077
Printed in Japan

協力：
ノリカスタイル
土の宿 かんべ（千葉県鴨川市）
鴨川自然王国（千葉県鴨川市）
草so（千葉県鴨川市）
ゲンキプラス（自然食品店・愛知県豊橋市）
アースマーケットプレイス（自然食品店・千葉県千葉市）
WADAPAN（千葉県南房総市）
木と暮らすガーデンカフェ（千葉市原市）

料理撮影協力：
黒須友里　伊藤喜美　水野亜美
近藤知世　鈴木抄栄　向山岳

野草撮影協力：
村松美智恵・宮本みどり（P70）
堀口摩利子（P146）　高橋由美子　永井弘朗

参考文献／陰陽らいふマガジン　むすんでひらいて
　　　　　（ノリカスタイル）

※QRコードは、株式会社デンソーウェーブの登録商標です。

免責事項
本書のレシピについては万全を期しておりますが、万が一、けがややけど、機器の破損・損傷などが生じた場合でも、著者および発行所は一切の責任を負いません。